梧桐古镇商贸旧事

桐乡市政协教科卫体与文化文史学习委员会
桐乡市梧桐街道办事处 编

中国文史出版社

明代尚书府第

千年梧桐

凤鸣禅寺

北港河在梧桐镇北，郡东至十字漾西至者婴堂桥，横穿是镇是谓梧桐，镇之母亲河是昔日之经贸繁华地段。两岸集中烟火，米行麻行茶行大商行其大当商分居两侧，三朱一毛柁虹遽写癸巳冬日

北 港 河

皂林双桥

皂林双桥

京杭大运河上皂林古镇之东南，运兴画桥始兴，桥兴画亦兴，代北两座拱桥又相邻双桥，姊妹双桥曾有孤帆影之美桥，橹声已息，羌篷怀写

皂林双桥

桐乡文庙

文庙即孔庙
始建于明宣
德五年宣德
七年间建明
伦堂咸重十
年遭太平
军毁损战
后又重修
抗日战
时又毁损
大半抗战
胜利后在
此新辦桐
乡县立初
级中学後
因大成殿诸
梁为白蚁蛀
蝕逐拆除
仅遗桐文
庙

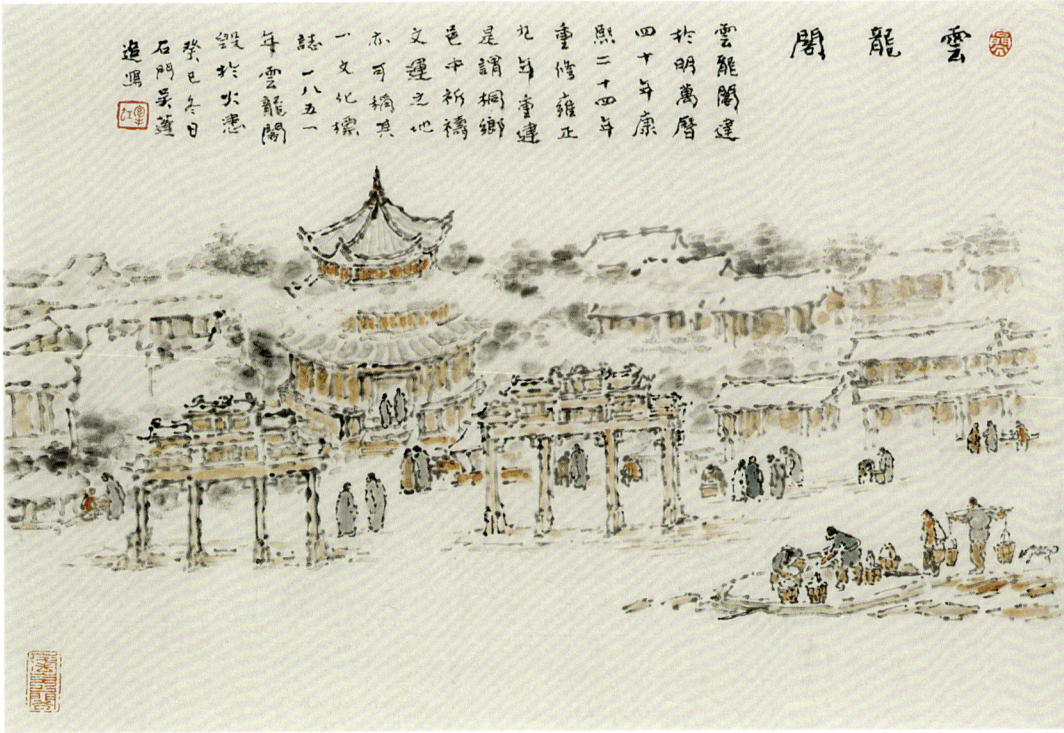

云龙阁

云龙阁

金仲华故居

金仲华笔名孟如，仰山梧桐镇人，十七岁入杭州之江大学文科。毕业后考入上海商务印书馆。自一九二八年担任妇女杂志编辑，至一九五八年兼任文汇报社长止，历经二十多年。在新闻出版战线上，间为抗日战争、解放战争贡献力量。癸巳冬日于京，华栋。

金 仲 华 故 居

前　言

　　梧桐镇是典型的江南古镇，明万历《嘉兴府志》载："桐溪，在凤鸣里，世传有梧桐树，凤鸣其上"，故又称凤鸣市。

　　梧桐镇的历史最早可以追溯到五代后周广顺年间（951—953），惠云寺建成后，村落逐渐兴盛，百姓开始筑房建屋，集市雏形初成。

　　自宋代起，又有徐姓、蔡姓等豪族大户聚居于此，开始修筑道路、石桥，以贯通河岸、街巷。加之民间有"龙地凤脉"之说，凤鸣市成为附近大族聚居之所，形成了以文献里为中心地带的商贸区域。

　　宋末元初，战火不断，城市沦为废墟，人口锐减，商业萧条。直到明代初年，社会安定，凤鸣市逐渐恢复原有人口，商贸亦逐渐恢复。

　　明宣德五年（1430），凤鸣市设为县治。由此大兴土木，县学、县署、城隍庙等陆续兴建，人口亦稳步增加，商贸经营快速发展。尤其是明天顺年间（1457—1464），商贾多引入城中，一时间商旅不绝，形成了以鱼行汇为中心的闹市区。明嘉靖年间（1522—1566），倭寇入侵，桐乡遂建城池，因邑令金燕筑城拒寇，百姓称之为"金城"，由此桐乡县城的北门、南门、东门内外逐渐成为商品交易集散地。

清代中叶，桐乡县城河道纵横，桥梁林立，城外北通炉镇、青镇（今乌镇），南通屠甸，东接濮院，西接石门，交通商贸之繁荣可见一斑。据清嘉庆《桐乡县志》中县治全图所绘，城内有舞凤桥、起凤桥、集凤桥、寺桥、庙桥、迎恩桥、登隽桥、邻泮桥、回泮桥、万年桥、一步两条桥等30多座，此外还有东街、北街、服德街、北司街、牌楼街、栈房街等街巷十多条，寺庙、祠堂、牌坊、池塘分布其间，其城市规模可见一斑。

清咸丰年间，太平军占据桐乡，战乱频起，商贸活动萧条。太平天国平息后至民国时期，商贸逐渐恢复，但城市建设较为滞缓，街巷、道路变化不大。抗战期间，梧桐镇被日军占领，商贸凋敝，多数老字号惨淡经营最终被迫倒闭。直至民国34年（1945）抗战胜利后才逐渐恢复，但已很难企及顶峰时期。

本书参考了明正德《桐乡县志》、清康熙《桐乡县志》、清嘉庆《桐乡县志》、清光绪《桐乡县志》和《嘉兴城镇经济史料类纂》《桐乡文史资料》等地方志和文史资料，同时调阅了桐乡市档案馆所藏民国时期的梧桐镇同业公会、商会的部分资料，记载的内容也多为民国时期梧桐镇商贸的分布、经营情况。

目　录

第三章　乡村集市

第四章　庙会　香汛　流动摊贩

梧桐古镇商贸旧事

梧桐古镇商贸旧事

第一章

梧桐老街

第一节　商贸沿革

梧桐镇古称凤鸣市、凤鸣里。清光绪《桐乡县志》载："惠云（一作慧云）教寺，即凤鸣寺，在桐乡城内西北隅。周广顺二年（952），汉南王建凤鸣院，显德间改名惠云院。"清光绪《桐乡县志》有汪文柏《惠云教寺华严藏经阁碑记》一文，文中记载："寺之由来久矣，五代时梧桐乡唯一村落，居民仅数十户，有凤鸣市，树桐千章，溪流诘曲，潆洄于其间，溪阳有亭，亭阴有石，石气勃兴，则甘霖施惠，故名之曰'惠云亭'，其改亭为院者，僧天集赞也。"由此可见在五代后周时期，凤鸣市域内已形成村落。

至宋代，淳熙二年（1175）建万春桥、永安桥，淳祐二年（1242）建武庙，元延祐年间（1314—1320）建平桥，桥连河岸，岸通街巷，街巷成市镇。

市镇兴起便有大族聚居，宋代较为知名的宅第有北街徐宅，清光绪《桐乡县志》录旧志所载："淮东议幕徐纲宅，在县市后街，一族蕃衍，分处同里，今儒学基，其一也。"徐纲，字晞颜，宋乾道八年

惠云寺宝塔

（1172）进士，曾入除提辖文思院。此外还有北街蔡宅，清光绪《桐乡县志》载："蔡氏同寿堂在今邑治后，万春桥东，医士蔡梅友所居，蔡氏自宋迄明，五世业医"。蔡梅友之父蔡渊斋，兄蔡竹友、侄蔡君实均以医仕宋。贝琼、程本立均为同寿堂题诗。

另据明正德《桐乡县志》载："县市古称凤鸣市，即今县治后北街是也。宋《语溪志》：市徐族为多，自绍兴（1131—1162）至开禧（1205—1207）登进士科者十余人，其他待省者尤多，号文献里。"由此可见，凤鸣市在宋代时以惠云寺为中心，城市逐渐向东南扩展，北街的文献里是梧桐镇较为古老的地名之一。

元代战火连年，旧志载："元季兵屯皂林，游兵进掠，故家旧族什存一二，仅存墟落而已。"至明代初年，本地大族散居乡间，如元末的鲍恂，字仲孚，辞官归乡后于凤鸣市东南二里沈荡建有柳庄。

元至元《嘉禾志·镇市》载："崇德县梧桐乡在县东北四十九里，管里五：梧桐、凤鸣、永泉、邵庄、善众……凤鸣市在县东北四十里。"这是地方文献资料中首次出现凤鸣、梧桐的地名。明正德《桐乡县志》载："梧桐，旧乡名也，邑治于梧桐乡，故因以桐乡名焉。"

明初社会安定，百姓休养生息。凤鸣市向东南扩展，清光绪《桐乡县志》录旧志载："佥都御史程本立宅，在邑城东门内，有'咸庆堂''小隐山房'题额。"明隆庆年间，又有冯孜宅邸"日涉园"建于邑城西隅，园内建有"树萱草堂"、梧山洞天、桃源洞、秋水亭、掬月亭、观鱼榭、此君斋、"独乐书院"等。直至清末，尚有程公祠存。明洪武至隆庆年间，凤鸣市渐有大族世居于此，城镇街弄格局初具规模。

明宣德五年（1430），巡抚、大理寺卿胡概奏析崇德县东境募化、千金、保宁、清风、永新、梧桐六乡置桐乡县，设县治于梧桐乡凤鸣市。凤鸣市成为县治后，百废待兴，大兴土木，同年始建县署、学官，次年又建城隍庙。明正德《桐乡县志》载："宣德间既设县治后，始拓前后左右坊巷。"自此县前街、北街、东街、西街，街弄成群，屋宅林立。

清光绪《嘉兴府志》桐乡县城图

明天顺年间（1457—1464），县城商业繁荣，明正德《桐乡县志》载："天顺间，知县张泰招徕商贾，聚纳货贿，时有新兴市碑以记其事。正德九年（1514），复开西南通远街以来，崇德、千乘等乡入市之路改甃街衢，及修建惠民、舞凤等桥，绕廊之地，渐成民居，迁夫受廛，百货骈集，日盛于前矣，遂为六乡之冠。"文中提及的新兴市，即新兴街，街上设有官立惠民药局，医生居于此，对贫病者施以药剂。

知县张泰于明天顺四年（1460）在孔庙内增建乐育堂、退醒轩，重修殿庑。对于这位

桐乡孔庙（文庙）大成殿

知县的功绩，明万历《嘉兴府志》载："视民疾苦，去兼并，招商贾，为邑大利。又完公署、学校、坛壝，土木屡兴，而民不告劳。满九载，多成绩。"

县城繁盛，随之修筑两条城外大路。明正德《桐乡县志》载："西官路，自县治西北抵皂林，陆九里，路出天壤桑陌间，时狭隘，一雨辄苦淖泞，成化间有司广辟之，复甃以砖石，尚多空缺而失夷治。正德九年（1514），复加修理而补足焉，坦然成以康庄矣。东塘路，在康泾东涯之上，路阔八尺许，自县治抵皂林，南北九里，天顺壬午（1462），县令张泰始划荆棘而开辟之，路多泾口，架木以通。"

明嘉靖十二年（1533），皂林驿移设崇德县南门外，皂林镇此前曾居民蕃庶，商贾云集，舟楫往来泊于此，自嘉靖倭寇之乱后，皂林镇沦为废墟，这对桐乡商贸发展造成影响。

明嘉靖三十三年（1554），金燕任桐乡知县，在其主持下，城墙于次年筑成。其间，炉头镇人沈铧（字东溪）携部分家人迁居桐乡县城，并于城内开设冶铸作坊。倭寇攻城时，沈铧献计，于凤鸣寺外设炉熔铁，以铁汁杂火击退敌人，县令亲笔手书"退寇全城"四字匾额。

明万历年间，烟叶引入桐乡，县城曾设有手工烟作坊。此外，桐乡桑剪也闻名江南。

明代中叶，桐乡县已初具城市规模，明万历二十五年（1597）户口统计，有木匠48户、石匠18户、熟铜匠19户、铁匠32户、裁缝匠22户，此外还有诸如熟皮匠、琉璃捏塑匠、黑窑坯匠、五墨匠、弹花匠、伞匠、竹匠、冠帽匠、橹匠、裱褙匠等等。

至清初，桐乡县城建有六坊、八街，清康熙《桐乡县志》载："豪家巨富，往往货殖相当……男子务耕桑，服商贾，妇人闺阁谨严，勤纺织，工蚕缫……间有奸伪无行者，贩盐为业。"清初张履祥说："桐乡之地，土沃人稠，男服耕桑，女尚蚕织，易致富实。"

清光绪《桐乡县志·坊巷》所载："邑前坊，在县治前，旧名

梧桐古镇商贸旧事

服德街。永宁坊，在县治南，通南门，旧名时薰街。仁德坊，在县治东，旧名新兴街。青龙坊，在东门。邻泮坊，在北门。舞凤坊，在南门。通离街，在南司对面。濯清街，在县治南。双节街，在县治后，即凤鸣市，通西门，以苏氏姑侄得名。青阳街，在县治东北，通东门。集蔬街，在县治东北，通北门。焕文街，在集蔬街东，转北通儒学。新街，在时薰街东。通远街，在时薰街西。"

清代，大量徽商迁居桐乡，经商致富之余，亦热心地方公益事业。清光绪《桐乡县志》中载："金公士瑜，……先世为安徽休宁望族。遭乱避地吴越间……尝游桐溪，爱其风俗朴茂，遂家焉。"

清代方驾《桐川四时棹歌》中各有一首写双节街和集蔬街的诗："春风吹得卖花声，尽日黎明唤入城。一自街名双节后，人人羞买并头英。""集蔬街上集时新，酸果甜瓜一切登。为倩郎君挂帆去，载将潘李与彭菱。"诗中描述了双节街、集蔬街的繁华商贸，更提及了潘园李和彭湖菱已成为桐乡特产。

至清嘉庆、道光年间，桐乡县城已是一派繁华景象，城内河道纵横，小桥通巷，以北街、鱼行汇、青阳街延伸形成城隍庙、惠云寺、关帝庙、程公祠的东西向长街，还有以县署两侧的东街、西街

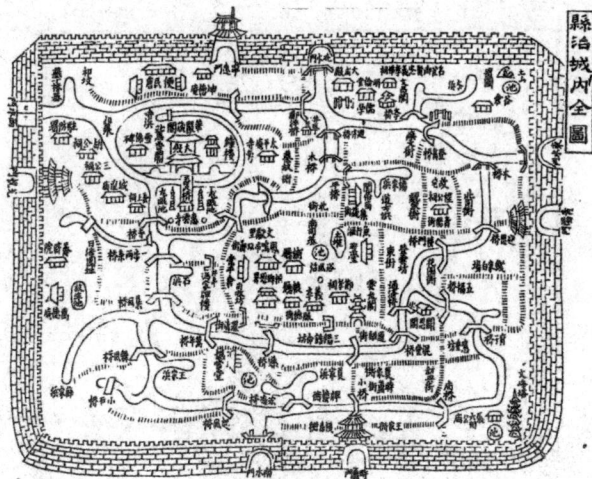

清嘉庆《桐乡县志》县城图

所形成的中心城区。此外还有众多石牌坊点缀其间，至民国时期，尚有明代牌坊16座、清代牌坊8座，较知名者有新兴街上的明代进士坊、应奎坊，服德街上的登云坊、司牧坊、三锡诰命坊，西街的清代冯家牌楼等。

清代知名宅第有沈兆奎的文史园，位于城西隅，园内建有遂初堂、迎月轩；汪周士等族人的华及堂，位于城东隅；汪纯楳的寄园位于城东北隅等。

清中后期，国家内忧外患，尤其是历经太平天国之乱后，城镇多遭毁败。咸丰十年（1860），太平军攻入县城，县署、文昌阁、孔庙、惠云寺等皆毁，东南门民房、商铺亦被毁其多。咸丰十一年（1861），太平军在桐乡县设局收税，按殷户派钱，送解嘉兴。经商者按生意大小派月捐、店捐、股捐，还征收漕银，苛捐杂税导致商业一蹶不振。

清同治三年（1864），桐乡县丝行将佣金内每洋（银圆）提捐四文钱作为桐溪书院经费，使书院得以继续。光绪二十四年（1898），东大街方甡昌纸店购进石印机一台，为石印印刷之始。

直至清末，桐乡县城街巷变化不大，城厢内外共分八坊：太平

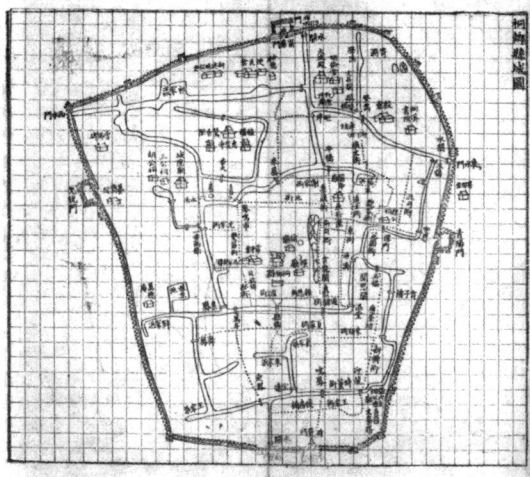

清光绪《桐乡县志》县城图

坊、永宁坊、文献里、邻泮坊、仁德坊、鱼行街和南青龙坊、北青龙坊。

民国时期，县城街巷情况为：北街，在县署之北，俗称后街；西街，在县署之西（原双节街）；县前街，在县署之南（原濯清街、报恩街、通骓街）；县桥前，县前街南至夏家浜；尤家弄，旧有尤姓大宅；磊石弄，旧时弄内有石成堆；武庙街，原集蔬街，因街内武庙得名；北门直街，在北城门内；羊行头，旧设有羊行；东南街，原西、南青龙坊；南门直街，原时薰街；栈房弄，传明代时弄内有客栈；鱼行街，俗名鱼行汇，又名青阳街，旧称鱼行仁德坊，因街西有数家鱼行而得名；北港街，原北港青龙坊；东大街，旧为东街仁德坊和新加坊；庙桥街，原新兴街，街南有六相公庙，明万历甲申年（1584）建；南司弄，弄南曾设按察分署，明崇祯年间改称南司弄；清明弄，弄内原有通济桥，又名清明居桥；混堂弄，弄内原有荫堂桥，俗称混堂桥；此外还有应奎街、北司弄、魏家弄、夏家弄、谢家弄、游家弄、冯家牌楼、东兴弄、王家弄等等。

其中县前街之南，夏家浜有明代建筑夏家厅，大门前有马鞍河埠、上马石，屋外有号房，进门后三间大厅，额曰"怀德堂"，后院临县前河，据传为夏姓尚书府第，但目前史料未见记载。朱家浜汪宅，门前有旗杆石，房屋宽大。

民国22年（1933），县城始称梧桐镇。梧桐镇旧有"南柴北米东小菜，要打官司西门来"之谚，即南门多柴行，北门多米行，东门为菜场，而西门内多为富户大族、官吏衙役聚居之所。县城商贸集中于东街（今梧桐大街）、鱼行汇（今鱼行街）、南门外丁字街、东门外

夏家厅

北港街，其他街弄商铺较为零落。

旧时县城的主要街道均以石板铺地，最长不过300米，宽不过3米，每条街道均有弄堂直通民宅，而沿街房屋多数为二层立帖式砖木结构，商铺亦多为上宅下店，旧时全镇唯一一幢三层民房为外科名医沈瀛洲宅。因砖木结构建筑较多，易发生火灾，民国7年（1918）12月，鱼行汇"一字发"杂货店失火，殃及周围店屋、民宅数百间，此后各街坊商议购置"洋龙"①。民国10年（1921），永宁街黄长盛酱园率先购置，此后太平街、北港青龙坊也添置。

民国15年（1926）12月，桐乡烟叶专卖局成立，朱裁文任局长，凡登记在册的烟民有鸦片供应，其鸦片铺开设于城内杨家浜。民国17年（1928）11月，桐乡县城公园内首次放映无声电影，同年12月，于城隍庙内设立游民习艺所，所长王祥麟，收容游民学习竹、木、藤器制作，学成后入竹器号商铺谋生。是年，余采青、沈兆奎在城隍庙内开设第九蚕业改良场。

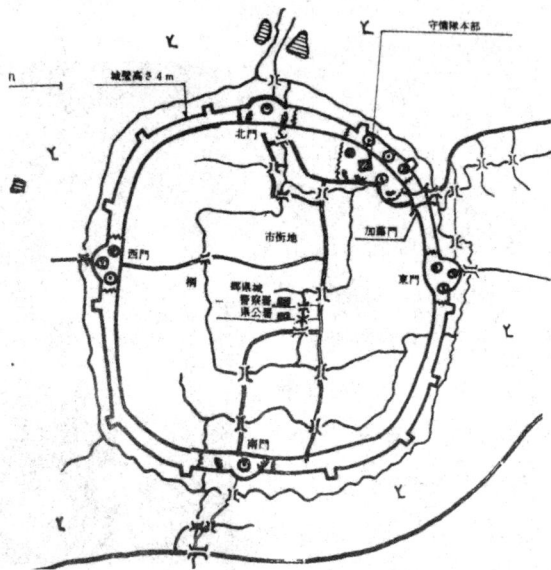

日据时期的桐乡县城图

① 洋龙：引水救火的工具。

牙行是清末民初较为兴盛的行业，牙行是买卖双方说合、介绍交易，并抽取佣金的商行或中间商人。据民国22年（1933）统计，桐乡县有牙行57家，分别为米行14家、牲畜行9家、桑叶行34家，资本总额11.16万元。

民国23年（1934），桐乡大旱，塘南尤重，农民乞讨者甚多。梧桐镇上一些富户、米行业主在关帝庙施粥赈灾。20世纪30年代，梧桐镇还出现青叶行，青叶行即桑叶交易，并无固定行址，借茶馆等地，摆上一桌一椅，备算盘、账簿、行牌，即可开业，日军侵桐后此行消失。

民国时期，除了县城商贸外，县城外较有名的乡村集市主要有六处：北门外有总管堂桥集市，西门外有高家湾集市，城南有北日晖桥集市和章家村集市，东南有庄家桥集市，东门外有北孟庙集市。

据民国24年（1935）统计，桐乡县坐商932家（包括域内其他乡镇），年营业额1690万元。这一时期梧桐镇虽为县城，但商贸情况相较于乌镇、濮院较为冷清，原因无外乎交通不便，人口较少。

民国25年（1936）《嘉兴区一瞥》记载："桐乡，本县商店共有九三二家，营业总额一千六百九十万元，兹将各大宗商业，列如下：粮食业，计有七十九家，营业额较大者，有东信昌、张葛隆、朱大祥三家，较小者有沈茂盛、朱梓全等家。棉织业，计有二十家，营业额较大者，如王益茂、泰记二家，较小者，有恒泰、义泰等家。油盐业，计有十一家，营业额较大者，如长盛兴记、长源二家，较小者有张万通、正泰等家。竹木业，计有十三家，营业额较大者，如昌记协、恒泰二家，较小者，如沈泰源盛一家。纸业，计有二十一家，营业额较大者，如朱祥丰、恒锟升二家，较小者如李顺昌、袁永利、傅顺昌三家。酱油业，计有四十九家，营业额较大者，公生十万元一家，较小者如许永成、胡永利等家，均为一千元。南货业，计有四十四家，营业额较大者，蒋月记一万八千元一家，较小者，许源茂等家，均为一千元。"

是年《东南》杂志刊登了一篇《桐乡县鸟瞰》的文章，开始便用一首诗概括："处处清溪处处桑，绿云低护古时塘。乡村四月闲人少，才了蚕桑又插秧。"文中对桐乡县的介绍为："桐乡是浙省东南隅的一个三等小县，假使你由上海乘沪杭快车，到嘉兴县下车，再搭运河的小轮西南行驶，不到四小时，就可到达古色古风的桐乡县城。桐乡县区域，如一靴形，酷像意大利国土的轮廓……桐乡县命名之由来，据说是因为它盛产梧桐。至今城中西街遗有梧桐一株，相传凤凰常栖于此，还是建县前的遗物。'梧桐乡是凤凰家'一语，传为千古佳话。……全县从古即无陆路，随便一出门，总是'驾一叶之扁舟'。这儿的经济完全树立在蚕桑一事上，……桐乡的物产，除蚕桑外，以烟叶为最著……民国7年以前种烟不盛，大都供自己吸食，剩余的亦不过销江北、湖州一带。欧战以后最盛。那时有外国人来推销到欧西，价钱特别好，一般农民趋之若鹜，当时全县产额增达四万担。……农民也操织造的副业，'沙沙沙'这种织绸的机音，每年四五月间，在桐乡境内的任何穷乡僻壤，都可以听到。……吃茶风特别盛，县城不满千五百户，而茶馆多至二十家，其他外镇乡村，莫不茶馆林立，坐客常满……"

1936年嘉调《浙光》"桐乡县经济概况"载："桐乡位于嘉湖交界，运河横贯东西，东接嘉兴，南连海宁，西邻崇德，北界吴兴。全县分为城区、濮院、日晖、石泾（即屠甸）、青炉（即青镇、炉头）、玉溪（即石湾）六区，共面积一千一百三十五方里，人口约计十七万弱，城区占全数百分之四，交通颇不便利，主要水道为运河，仅赖二三小汽轮，往返于嘉湖、长安等处，因

武庙街

之商市颇感沉寂，惟附属之濮院、青炉两镇，较为繁荣，而石泾接近硖石，商市亦尚可观。"

抗战时期，梧桐镇商业生意清淡，大批房屋遭毁，市容破败，商业萧条。民国26年（1937），老字号"朱德大"伞店被迫倒闭。民国29年（1940）12月，日伪于南司弄口开设"大众土行"，公开运销鸦片，荼毒百姓。民国31年（1942）2月，日军于东大街开设"营业出张所"，又名荣泰洋行，对居民生活必需品采取限量配给。

抗战胜利后，百废待兴，商贸渐渐恢复。民国35年（1946）《桐乡年鉴》载："梧桐镇：商业因地处偏偶，交通不便，未见发达，市肆偏于东南，西北尚属荒芜，加以敌伪八年劫据，房屋被毁甚多，市容益加零落。城之中心，有公园一座，老树参天，浓荫密布，土山小池曲径亭榭，参错其间，为城中唯一游憩之处。北有凤鸣古刹，红墙半露，古塔巍然，晨昏钟声，颇引幽思。城厢户口，总计约一千二百户，五千余口，城池周围约五里，原分四陆门、四水门出入，近又于东门北门间，增开小东门一座，以通公路，而便利出入。"

民国35年（1946），商业复业登记统计，全县1275户，其中青镇245户，屠甸139户，濮院242户，石湾107户，城厢542家，以米行、杂货、南货、国药、烟叶、肉铺等与民生密切相关者居多，店铺多为小本经营的夫妻店号，另外则多是设摊摊贩和走街串巷的小贩。

民国35年（1946）《桐乡年鉴》桐乡县商业分类统计表

类别	数量	类别	数量	类别	数量
杂粮米行	93	广货店	42	南货店	49
绸布店	17	烟叶	48	国药店	39
西药房	4	肉铺	39	鲜鱼行	19
腌肉店	13	油坊	3	茶店	56

类别	数量	类别	数量	类别	数量
旅馆	3	茶食铺	33	棺材铺	4
杂货店	65	铜锡店	8	瓷器店	12
豆腐店	46	理发店	15	水果店	12
染坊	9	洗衣作	2	猪羊行	13
砖灰行	5	香烟店	11	酒医坊	61
面粉店	24	饭菜馆	18	面店	9
鞋店	9	银楼	13	打铁铺	14
茶叶店	25	香店	2	楮烛纸箔店	28
柴行	2	篾行	2	木行	1
竹行	1	土丝行	4	皮毛行	12
肥料行	1	印刷店	1	文具店	7
纸店	4	盐店	10	山货八鲜行	6
照相馆	2	刻字店	1	席店	3
衣店	2	藤店	3	麻行	1
漆作	1				

民国36年（1947）11月27日，桐乡县银行股份有限公司创立，股东129人，公股4000股，商股7000股，股金计法币1.1亿元，经理徐黄达，副经理梁元鸿。

此后内战影响桐乡，物价飞涨，商铺不堪重负，商贸更不如从前。中华人民共和国成立前夕，梧桐镇工业仅1家小型碾米厂和2家油坊，绝大多数商铺只能勉强维持。

梧桐古镇商贸旧事

第二节　商业街

桐乡县城比他县较小，故民间有"碗大桐乡城"的说法，城墙周三里余，径一里许，护城河外便是郊野。直至清末，城内西片及东南、东北两隅，还有不少耕田闲地。城内石板铺道，街少、路短、面狭。民国时期，街道才延伸出城，越过城河吊桥，慢慢向东门外和南门外扩展。到中华人民共和国成立前后，有名有目有市面的街路，城内有7条，城外有3条，共计10条。

城内中心区域，以县署为中心的4条街：东街、西街（西街北段旧名双节街）、北街、县前街（旧为濯清街、报恩街、通骓街），其中东街西侧，土山之东的地带，叫南司街。

西街中段的古梧桐

旧时城区中心遍植树木，尤多梧桐，其中西街中段就有一株古梧桐，斜倚半墙，据说树龄达千年，主干仅存树皮，但枝繁叶茂。清光绪《桐乡县志》记载：县署位于东门内服德街，明宣德五年（1430），知县生用和、赵中等利用城内夏、蔡氏地基建县署，并将县署的西北隅辟为内园，清顺治八年（1651）又增辟西北隙地，至清光绪元年

（1875），旧有园圃池亭之胜，仅留隙地，未复旧观。

民国17年（1928）12月，胡养潜、张心芜、程可堂等人发起筹建南司公园。公园在旧县署后，林间铺路，造屋建亭，挖池堆山，池呈葫芦形，池内置东西向九曲木桥，池西筑有旱船，池周铺石径，池侧建八角凉亭，土山有丈把高，土山南侧筑有茅亭，上悬"南亭夜月"匾。民国23年（1934），镇上青年义务劳动，清除土山东侧瓦砾，开辟贯通南北的南司弄，该弄南通云龙阁，北通鱼行汇。南司里、南司公园、南司弄，旧时是梧桐镇城区中心。

东街南段20米与县前街东段20米，一共40米的直角街面，清代时称为通驲街，明清时期建有云龙阁。云龙阁始建于明万历四十年（1612），清代冯景夏《重建云龙阁碑记》记载："胡邑侯（胡舜允）之建斯阁也，升栋行礼，风雨骤至。侯曰：'天不欲竣吾工乎？'旁一生应曰：'风雨所以助云龙也。'侯喜，即颜其额。"清初，云龙阁毁圮，清雍正、乾隆年间多次重修，咸丰年间毁于大火，民国初年仅存石碑，但云龙阁作为地名保存至今，过去云龙阁一带也开设有不少商铺，有同茂酱酒号、正和瓷器号、小小洋广货商店、振和染坊、民众茶园、凯新烟店、章记米行、凌时理发店、朱恒丰纸店等等。

梧桐镇旧貌

民国14年（1925），桐乡县知事邹可权发起在云龙阁开掘大井一口，日出水数百担。民国23年（1934年），桐乡大旱，此井不涸，赐百姓甘泉渡过难关。附近有梧桐书场，坐东朝西，常年有评弹说书等，书场周边有算命店、馄饨担、香烟摊、水果摊，还有叫卖甜酒酿、糖拌梅子、粽子的流动小贩，是桐乡少有的文化娱乐场所，晚上还吸引各式人等。桐乡市面靠乡脚①，上午闹，下午清。除庙会节日和重大庆典，平常时日，唯云龙阁才有书场和流动摊贩唱主角的街面夜市。

日据时期的小东门

　　东门外南街东起更楼头，西抵东门口，一百多米长。坐北朝南，由西向东，依次有庄子堂水果店、陆记竹篾铺、一泉楼茶馆、罗伟卿百货、中西药房、沈士荣面梗店、沈福泰瓷器锅盆行、沈元泰杂粮米行、施天和国药堂、沈巧明烟杂糖果、温州弹花铺、钟茂昌粉面行、丁永大酱园、陈恭谨茶馆、沈德和水果店、陈顺福水果摊、缪治中羊皮行、张奎记米店、施海山柴行、时新理发店、怡丰

①　乡脚：指城镇工商业向四周乡村覆盖和延伸的范围。覆盖广、延伸远，称乡脚远；反之，则称乡脚近。

酒店、沈合和南北货店、暨振华裁衣铺、永兴茶馆、郑肇生染坊、协兴酱酒店、董静春烟糖店等。坐南朝北，自西向东，依次有沈合和鱼行、杨俊昌刻字铺、衡茂隆茶菊店、徐经寿糕团包子店、吴保大茶叶店、俞子乾糕饼店、马长贵鞋庄、邱阿金鱼行、大昌全南北货店、胡合顺兴记菜馆、朱鼎顺豆腐店、甘聚国饭店、冯泰隆米行、胡记理发店、吴家禄纸马店、蔡叙泰鲜肉店、葛九娜水果店、久丰棺材铺、幼记酱酒店、张五四航快船联络处、姚花狗柴行等等。

北港街是沿河直街，东起大椿木行，西达龙湾里，临街房屋，廊棚成片，可遮阳避雨，河道为石砌帮岸，船埠口汇聚，为全镇土产集散地。北港街直通小东门。桐乡沦陷时，日军第22师团第84联队第2大队第6中队派驻桐乡县城的守备队队长加藤正雄，取在濮院战死的一等兵加藤元春之名，将小东门改名为加藤门，并立战死者墓碑，但桐乡百姓依旧称小东门。

北港街上，有朱信昌、程克昌、李永盛等几家大商行。根据不同季节和时段，大量收购蚕丝、菊花、小湖羊皮、烟、米、麦、豆类等农副产品，大宗出口上海、广州、香港等地，部分供应本地。上海、广州、香港等地的洋行买办，派联络员常驻桐乡。他们的任务是考察年景丰歉、货源优劣，定价，督货，催发货物等，以保证货色正宗，货源充足，货运畅通。这批联络员住在北港河南岸的桐乡商行自办的客栈招待所里，生活条件优越。

南门外有条丁字街，亦是城乡物资集散地，附近有八字桥、臭水浜、邵家桥等处。

第三节　鱼行汇

　　鱼行汇（今鱼行街）是旧时梧桐镇最繁华的商业地段，过去还有小鱼行汇的地名，就是指鱼行汇内最热闹的区域。

　　鱼行汇东起汇家弄口，西抵南司弄北口，总长120米，两侧商行店铺鳞次栉比，历史上如利盛酱园、鸿兴酱酒店、吴甡昌瓷器店、郑泰和广货店、沈同义南北货店、蒋源泰肉铺、施源盛肉铺、九新土丝行、钟茂昌菜馆、倪兰记菜馆、义大成茶食店、稻香村茶食店、陈兆记粉面店、永大面粉店、桂记卷烟店、徐万顺卷烟店、永大米行、鑫记米行、源丰南号米行、福昌米行、金记理发店、朱

鱼行街旧貌

泰丰纸店、金宝成首饰店、殳振坤诊所、仁济药房、天隆药房、徐万顺药房、方甡昌印刷厂、元隆茂茶菊庄、三阳楼茶馆、志大祥布店等，都曾在鱼行汇开设过，这些都是桐乡知名的老字号商铺。

坐北朝南，自东向西，依次有石信成银楼、郑泰和百货、翁记孵坊、仁济中药房、元仁西药房、吴甡昌瓷器店、利盛酱园、毛记茶馆、魏记机制面梗店。坐南朝北，自东向西，依次有戴阿贤水果店、倪记南货店、丝行、蒋源泰肉铺、钟茂昌菜馆、义大成茶食店、尹顺昌绸布店、大丰恒洋广货店、沈记烟糖店、倪兰记菜馆、施源盛肉铺、宗兴宝酱酒店、沈同义南北货店。

稻香村茶食店位于鱼行汇西端，贴南司弄北口。鱼行汇北段不足20米，有纸马店、水果摊、杂货铺、面梗店、箍桶店、鞋店、浆粽店等。鱼行汇南段，自北向南，有沈记烟糖店、元隆茂茶菊庄、方甡昌印刷厂；坐东朝西，有黄同丰南北货店、章昌官文具店、志大祥绸布庄等。

鱼行汇的知名度在桐乡是很高的，旧时百姓总会用土话"闹是闹得来像鱼行汇格！"来形容热闹的程度。鱼行汇虽街短路狭，但过年过节或庙会，街面上三岔路口稍微开阔一点的地方，如关帝庙前、道士弄口、楼门桥旁，还有许多临时营业的摊贩。非节日期间，鱼行汇则开早市，上午7点左右开市，中午不到12点就落市了，街面较为冷清，做夜市的商铺更少，除流动的馄饨老四笃笃馄饨担、包金阿大香烟瓜子糖、翁师傅黄牛粽子按时沿街叫卖一阵之后，基本就归于沉寂了。

第四节 南门直街 丁字街

南门直街从县前街起，一直通到南城门，中间无多曲折，长200多米，有2米多宽，到南门外就是丁字街。

南门直街上多是规模不大的各类商铺、小作坊，如仁大酱酒店、王子记酱酒店、张寿松油坊、仁大杂货店、陈士记洋广货店、永源洋广货店、朱鼎丰南北货店、钱裕丰肉铺、怡泰肉铺、王万丰摆蜂行、永茂茶馆、恒丰茶馆、士记茶馆、悦和茶馆、怡和茶馆、石永兴菜馆、经济饭店、吴永茂菜馆、协记面店、春记羊肉面店、万顺茶食店、朱财记茶食店、翔记米行、张万昇香烛店、张顺兴铁

金仲华故居原貌

器店等等。大多为一两间门面，规模较大的是杭长盛酱园，有三间门面，店后还有一个较大的作坊，作坊后面的酱园弄即因该店而得名。南门直街最南端便是南城门，出市的农民往往在此歇脚吃茶，所以这段街上的茶馆特别多，有沈阿二茶馆、姚金生茶馆、张老九茶馆、沈家茶馆、姚士泉茶馆等。

南门直街外的丁字街是城乡物资集散地，每年油菜籽上市后，万源油坊代为加工，商客络绎不绝。

丁字街的商铺以提供农民日常所需的商品为主，如竹器、磁席、铁器等，分布有公兴油坊、义丰茶叶店、曹恒昌杂货店、毛聚兴洋广货店、瀛记广货店、张宝南鱼行、李福昌南北货店、德大恒南北货店、徐茂盛豆腐店、公顺肉铺、王正和柴行、恒义丰染坊、畅园茶馆、蒋阿大茶馆、陈荣生茶馆、蒋文元茶馆、金记茶馆、钱聚和茶馆、万顺永茶食店、朱源丰茶食店、周云记粉面店、吴永昌卷烟店、杨鹤堂刨烟店、公兴烟叶店、正和烟叶店、聚兴米行、发记理发店、陈聚兴铁器店、王天元堂中药店、郁久安石灰店等。

丁字街上午熙熙攘攘，下午较为冷清，街西侧有轮船码头，南至硖石，北至乌镇，西至崇德（今崇福）、长安，东至嘉兴。

第五节　北港

北港东接丁家桥港，西通康泾塘，各地船只从四面八方云集于此。北港两岸，是青一色石帮岸，青石板铺的街面，上方搭棚，所以街面上淋不到雨，遇到雨季，水上和岸上的生意可以合起来做。北港河岸上有赵顺茂酱酒店、振记酱酒店、毛聚昌油坊、泰昌油坊、信昌茶菊号、洽昌茶菊号、堃茂晋茶菊号、经纶庄茶菊号、仁记茶菊号、万春杂货店、永盛棺材铺、大椿木行、戚财松石匠铺、施福财茶馆、朱子南茶馆、祁美英茶馆、共和春茶馆、田瑞昌皮毛行、合兴协卷烟店、东信昌烟叶行、正盛昌烟叶行、堃茂晋烟叶行、协义昌烟叶行、董堃茂烟叶行、鸿昌瑞烟叶行、同合米行、东信昌米行、搀记米行、元记理发店、全昌维记肥料行等。

北港叶市，从立夏后四天开始，到小满后四天闭市，茶馆、米行、水果行和地货行都兼做桑叶生意，叶市分头市、中市和夜市，叶价随行就市，随时浮动。据有关资料统计，民国22年（1933），北港河叶市交易桑叶有两万三千多担。

北港水市则是船与船做生意，都是些缸缸甏甏、水生山养的物资。这些商船中有绍兴的黄酒腐乳船、安吉的竹器船、余杭的石灰船、练市的渔船和本地的广秧船，还有菜船。有的船常年在此，有的是季节性的"赶露水船"。毛竹船、石灰船，做生意时船主会把船主动泊到南岸，单独交易，不影响其他船来往。

船多不堵港，船家守的是航船规则，来北港做生意的船只，一般都有前后锚，前后篙，篙子头扣有铁尖帽，可使船只稳定。夜航或夜泊的船，船艄须亮一盏灯。

北港水市，只要是晴天，凌晨便有人在船上做生意。客商是四乡八邻的商贩船，因为船上卖的农副产品，比商铺要便宜得多，如绍兴鬓头黄酒、鬓头腐乳、南日腌菜、高桥大头菜、安吉笋干……不需半天，这些货物便就出现在乡村小店的柜台上。农村如办喜酒素酒，一般也是叫了相帮摇船到北港水市上买便宜货。

桐乡一带是蚕、菊、烟叶等农副产品的主产区，对竹器的需求量很大。每年春季，毛竹便成了抢手货，一般一个自然村几十户人家，你五根我十根凑足数字，然后雇人将毛竹编成竹排，撑到村口的河埠边。

第二章

店铺商行

第一节　酱酒　油坊业

旧时，商界有句俗话："若要赚钱开三坊——酱坊、酒坊、染布坊"。酱园和酒坊都有作场，同时往往开设门市，酱园兼营酒类，酒坊兼营酱业。一般市井酱酒店，既不造酱，也不酿酒，只是从酱园或酒坊按批发价批来，以零售价供应市场，赚取差价。所以，酱园、酒坊与酱酒店的差别，前者既生产又销售，既属业界又属商界；后者只销售不生产，纯属商界。酱园、酒坊和酱酒店通称酱酒业，同时兼营与民生息息相关的食油、食盐、食醋等。

民国38年（1949），梧桐镇上共有酱酒业17家，其中丁永大、利盛、源大3家为酱园，其余14家为酱酒店。酱酒店的店面不大，以一间居多。

源大酱园位于东街北段，三开间门市坐东朝西，老板陆寿全。源大酱园开设于民国14年（1925），为家族式经营，只收了姚姓、章姓两个徒弟，不另雇职工。店内主要业务由其亲自掌管，其他事务则由儿子陆同

利盛酱园广告

文掌管。

赵顺茂酱酒店位于北港东市梢，两开间店面坐北朝南，开设于清宣统三年（1911）。老板赵杏春，因满脸络腮胡子，俗称"赵胡子"，其弟赵荣春于附近开设振记酱酒店。

沈记酱酒店，位于北港街中段，与朱信昌烟叶店比邻。业主沈友珍虽为女性，但开门拔板、坐堂站柜，样样不让须眉，打酒、舀酱、秤盐，件件像模像样，招呼生意，接待顾客，联络关系，其夫陈树槐协理店务，干些进货出货、挑担捎包的活计。小店开得红红火火，一家几口温饱无忧。

毛源泰酱酒店位于星桥弄北段，两开间门面，坐东朝西，老板毛鸿培。

酱酒业同业公会登记表

郑记酱酒店在星桥弄中段，坐东朝西，开设于民国34年（1945），店主姓郑，俗称"老二叔"，他是桐乡三家"郑泰和"（染坊、百货、豆腐店）业主的长辈。

怡丰酒店，只经营酒类和酱菜，不兼营油盐酱醋，一间店面位于东南街与星桥弄交口的转弯角上，南对东南街，东临星桥弄。老板姜芝芬，其自产自销的子姜最有特色，削姜技术堪称一绝，片片薄如纸张，速度极快却不伤手指。他制作的子姜，咸、辣、爽、脆、甜恰到好处，姜味平和味道鲜，销路极好，经常供不应求。桐乡百姓曾编了个顺口溜："老姜腌嫩姜，芝芬削子姜，片片薄如纸，日日好销场。"

桐乡泰昌油坊广告

协兴酱酒店开设在东南街东端，靠近更楼头，坐北朝南。店主缪雪嘉，早先在丁永大酱园拜丁梓堂为师，满师后自立门户。斜对面有于记酒酱店，店主于兰生。旧时有"同行相挤"之说，但缪、于两家同行，对面邻舍，本着"生意大家做，有钱大家赚"，两家关系很好。

宗记酱酒店在鱼行汇西端，坐南朝北，靠近南司弄北口。店主宗兴宝，经营有方。

丰记酱酒店开在南门直街，两间门面坐西朝东。店主丰国方，为人随和，夫妻俩服务态度一流，柜台上生意一歇不停，堂吃间里食客盈门。

丁字街上有4家酱酒店。其中南门吊桥南塊的张万通号名气不小，两开间店面坐西朝东，北临城河。老板张永康（又名贵先），资金充足，实力雄厚，兼有房产业。另外，在八字桥畔，有沈源盛酱酒店，老板沈明华；振兴酱酒店，老板张品元。在臭水浜浜底有坐东朝西的钟记酱酒店，老板钟龙龙。

俞记酱酒店开在云龙阁，坐西朝东，一间店面，木板地面，半间围了曲尺柜台，店堂显得十分狭窄，柜台比一般店家低一尺，可以坐着写字并与柜外人对话，兼营报刊发行。

利盛酱园，位于鱼行汇正中，两开间门市坐北朝南。老板裴宜庆，海宁裴家场人，因肤白鼻高，坊间戏称"美国人"。抗战期间，裴宜庆夫妇得悉桐乡杭长盛酱园关门，觉得机会难得，便多方借贷，弃农经商，来桐乡从事酱酒业。他们收徒用工，大多数是海宁老家的亲戚朋友，逐步积累资金，扩大规模，建成酱园。利盛酱

园选址极佳，门市后面的酱作坊及晒场紧贴道士弄，南北狭长，落北一直通到杨家浜附近。

民国34年（1945）11月，桐乡县酱酒业同业公会成立，有会员18人。

油坊主要经营榨油业务，包括菜油、豆油、柏油等等。桐乡县城的油坊主要分布在北港和南门外，以毛聚昌营业时间最长。油坊业老板王祥麟曾任桐乡县商会理事长。

过去油坊的利润较大，因此常有油坊业主被绑匪敲诈勒索的事发生。民国36年（1947）2月21日《桐乡民报》载有新闻"南门外突遭股匪洗劫，离开时复发机枪示威"，文称："本城南门外，于前晚（十九日）十一时许，突遭股匪洗劫达一小时，计被劫同昌油坊等五家，损失现款金饰衣物约计四百万元之巨。……同昌油坊店主张寿松，自城内返店，即为盗匪所获，时张误认就地军人有所事端，故特着人邀请朱议长前来调处。……匪徒自称新四军，认议长为镇长，先将其身上现钞十数万元及钢笔等物件，全数劫获后，复被劫持至同昌油坊，……匪徒等入油坊后，即在账房间内，觅得保险箱一只，因无法开启，遂用石杵，将其敲毁，取得现钞一百五十余万元……计陈永明洋货号损失各项货品约计一百万元。"

民国38年（1949）梧桐镇酱酒业统计表

商号	业主	年龄	地址	开业年限	备注
利盛	裴宜庆	40	鱼行汇	20	
鸿兴	钟兴宝	32	小鱼行汇	10	
源大	陆寿全	58	东街	24	
幼记	江荫生	43	东街	13	
仁大	程祖培	23	南门直街	8	
张万通	张永康	44	丁字桥	20	
曹昇茂	曹季生	33	横街	14	
裕盛	杨昭贤	25	横街	5	

商号	业主	年龄	地址	开业年限	备注
沈源盛	沈明华	38	八字桥	12	
毛铭记	毛铭芝	24	武庙街	4	
长丰芳记	姚连芳	33	武庙街	7	
丁永大	丁梓堂	45	东门外南街	21	
怡丰	姜芝芬	34	东门外南街	12	
永和	王祖怡	50	星桥弄	23	
毛源泰	毛鸿培	28	星桥弄	7	1945年业主毛宏元
赵顺茂	赵杏春	61	北港	38	
振记	赵荣春	48	北港	18	
钟盛源	钟世福	31	邵家桥	10	
协兴	缪雪嘉	31	更楼头	10	
泳润	姚掌才	47	邵家桥	16	
兴泰	黄国华	36	武庙街	1	
同茂	沈德荣	29	云龙阁	5	
振兴	张品元	36	八字桥	7	
源兴	胡阿炳	24	更楼头	5	
王子记	王子荣	60	南门直街	5	
裕昌	董步清		更楼头		1949年10月开设

民国38年（1949）梧桐镇油坊业统计表

商号	业主	年龄	地址	开业年限	备注
毛聚昌	毛敦夫	60	北港	20	
公兴	陈明生	59	丁字街	15	
泰昌	朱经声	49	北港	10	
	钟仁寿	44	北港	5	
同昌	张寿松	37	南门直街	8	
桐乡油厂	王祥麟	40	庙桥街	13	

知名商号：杭长盛酱园

清末，杭州长盛酱园业主杭长盛（泰顺人）抽调资金来桐乡创业，在南门直街中段开办杭长盛酱园。

杭长盛酱园，坐东朝西，三开间店面做门市，楼上住宿，后院有平房三间充仓库，披屋五间当作坊，还有一块空地，正好排酱缸当晒场，经销酒类及油盐酱醋。

杭长盛从新登县①请来王、谢两位师傅，研制桐乡辣酱的配方。两位师傅用了三年时间，固定了生产配方，规范了制作流程，稳定了辣酱质量。桐乡辣酱的口感越来越好，牌子越打越响，名气越传越大。

随着生意越做越大，杭长盛便在城内设了两家分店。先在丁字街开设杭长盛酱园南号，两开间店面坐南朝北，直对南门吊桥；后在南街中段，开办杭长盛酱园东号，临街两层楼房起角最高，三开间门面坐北朝南。两爿分号的门市后面，均有房有地来放置酱缸。

杭长盛年事渐高，关闭杭州长盛酱园，将妻子和独子召来桐乡，让儿子拜王、谢两位师傅为师，学习制酱技艺。民国2年（1913）夏，王师傅得了伤寒不幸去世，杭长盛用快船将其遗体运回新登，出资厚葬，并抚恤其家属。不久，杭长盛让谢师傅领了十七个月薪俸回新登老家，次年又派心腹张铭光专程去新登，给谢师傅送上下一年的闲薪（退休工资），暗示其不得传授制酱秘方。从此，谢师傅在新登闭门谢客，不接受其他酱园聘请，对桐乡辣酱的配方和工艺流程守口如瓶。

民国10年（1921），杭长盛病逝。三年后，丁梓堂应聘进杭长盛酱园，到门市部站柜台当店员。后来，由于勤奋、踏实，丁梓堂被破格重用，并掌握了桐乡辣酱制作技艺，同时提拔他做账房，其

---

① 新登县：旧县名，1961年并入富阳县，在今富阳区西部。

间桐乡辣酱质量稳定，供不应求，其他业务也蒸蒸日上，杭长盛酱园达到了鼎盛时期。桐乡、濮院、练市、新市以及灵安、日晖桥、浮石桥等城乡集镇，冬季都供应酥羊大面，蘸涂一层桐乡辣酱入口，其独特风味无可替代。到20世纪20年代末，其名气和实力已超过崇德万森和海盐泰兴，与嘉兴高公陛、硖石徐裕丰并驾齐驱。

民国26年（1937），抗战爆发，杭长盛后人关掉杭长盛酱园及东、南两分号，逃往老家泰顺避难，从此歇业。

知名商号：丁永大酱园

民国4年（1915），12岁的海宁人丁梓堂只身来到桐乡谋生，在邵家桥南堍的朱记酱酒店当学徒，拜老板朱松寿为师。朱记酱酒店主营酒酱，兼营油盐醋，堂吃间供应红烧野兔肉、发胖芽蚕豆和涂上桐乡辣酱的白朵豆腐干，还收米售米，囤柴卖柴。

民国12年（1923）底，丁梓堂回老家海宁斜路里成婚，翌年，丁梓堂回到梧桐镇，应聘进杭长盛酱园当了店员。不久，丁梓堂妻丁邬氏来到梧桐，丁梓堂开了间小广货店，让妻子照看。

民国22年（1933），丁梓堂离开杭长盛酱园，筹措200银圆，在东门外南街42号也开了家酱园，店号丁益大酱园。三开间门市坐北朝南，内有仓库、盐池、地园、作坊。酱园在星桥弄21号有专门制酱作场，两楼两底坐东朝西，出后门还有过路一间、披屋七间和一个大晒场。面粉仓库、柴间、老虎灶、毛竹蒸笼、盘石推磨、面糕匾架、酱榨、酱桶等制酱原材料及工具一应俱全，各得其所。晒场上，七石缸排列井然，缸缸之间十字通道，纵横交错。酱缸盖，竹篾编制，内外油漆，乌黑发亮。晴天，它们被叠盖在4只水缸上，雨天盖满酱缸，4只水缸朝天接水。

民国23年（1934），桐乡遭受特大旱灾，商界有人唯利是图，乘机囤积居奇，哄抬物价。丁梓堂夫妇反其道而行之，决定零售商品价格再降半成，批发价不变。并逐个告知批发户，建议降低零售价。桐乡辣酱的价格，民国22年（1933），丁益大售价比杭长盛低一成；民国23年（1934），低一成半。顾及民生，货真价实，薄利多销，迅速提高了知名度。有些杭长盛的批发户，转而到丁益大进货。

民国25年（1936），丁梓堂把桐乡辣酱打进嘉兴市场，在东门宣公桥西埭鼎兴酱园上架零售。次年春，鼎兴酱园在嘉兴火车站附近设立新鼎兴分号，把桐乡辣酱陈列在店堂十分显眼的地方，还专门请人做广告，介绍桐乡辣酱历史。于是，丁益大酱园的名声传了开去。

鼎新分号又把桐乡辣酱介绍给一个在枫泾开酱园的亲戚，开始在上海境内销售。接着，硖石徐裕丰酱园和震丰酱园派员来桐乡，与丁梓堂洽谈代销桐乡辣酱事宜。

经营四年后，丁益大酱园迁至南门外，改店号为丁永大酱园。

民国34年（1945）抗战胜利后，桐乡酱酒业迅速发展。更楼头、北港市梢、星桥弄里、八字桥塊、南司弄口、云龙阁等处，先后新开了六七家酱酒店。浮石桥、日晖桥、灵安、宗扬庙等农村集市上，也有新同行加入。这些新开店，大多到丁永大酱园批发经销。

销往外埠的桐乡辣酱，委托快班船运发。船老板隔日跑街，肩挎藤篮，沿街接洽运输业务。

民国37年（1948）初，丁梓堂夫妇新辟制酱作坊，买下了星桥弄21号二层楼店面房两间，此时物价飞涨，生意一日较一日难做，日渐走下坡路。

第二节　茶菊业

杭白菊是桐乡的传统名特产品，历史上曾称其为甘菊、茶菊、白菊花，本地称谓很简单，直呼"菊花"。关于桐乡种菊、赏菊的传统，明万历年间的江苏嘉定（今上海）人须之彦在任桐乡知县时曾留下《衙斋种菊诗》："偶然乞得傲霜枝，县署东偏结短篱。官似闲鸥庭似水，人情来往莫猜疑。"近代海宁张宗祥曾至桐溪书院任教，其《铁如意馆碎录》中载："癸卯夏，……县署隙地，树菊数百本，知予爱菊，一日指菊语予，开时当相赠，俾予所居中室及小院中皆满……署中人遵前命，以五十盆赠余，罗列室中阶下均满。"

杭白菊通常在清明前栽植，至立秋结蕾，寒露开花，霜降前后采摘。常年行销，冬季以交易为旺，夏季以销售为旺。经营菊花的行庄称茶菊庄，早在清朝末年梧桐镇北港有茶菊庄。桐乡的杭白菊以其清热解毒、润喉生津、平肝明目之功效，以及色、香、味、形"四绝"，成为饮用菊之佳品，名声远扬。内销上海、南京、广州、汉口、天津等商埠，外销南洋等地。

民国初年，桐乡种植的菊花品种是"宁菊"（海宁品种），到民国后期大多为"洋菊"（据说是由宁菊改良渐变而来）。各乡镇农户均有不同程度的种植，农民把采摘下来的鲜菊化，先蒸熟，再摊晒成圆饼形的干菊花，称为"饼花"，卖给茶菊庄，或者卖给串乡走户的小贩，由小贩再卖给茶菊庄。就质量和价格而言，适时采摘的头批花二批花最好，花朵大小均匀、花瓣厚、色呈玉白的为上等

茶菊业同业公会登记表

花。而第三批采摘的次之，大部分要归入中等花。最后采摘的，花型小，花瓣薄，且会有部分霜打花，只能归入次等花。还有农户在鲜花蒸煮过程中不慎造成的浦汤花，阴雨天日久晒不干造成的霉变花，都属于最差的次等花。菊花的价格，等级差价很大，且每年的市价也波动频繁。民国21年（1932）前后，桐乡的菊花市价从每担十余元至六七十元不等，视供求为贵贱。

各茶菊庄把收进来的干菊花，挑选整理后，用牛皮纸包封装，每包1市斤。因菊花极易吸潮，稍有不慎，会霉变遭损。在当时的技术条件下，包装储存是个难题。桐乡的菊花经销商都会采取防潮措施，取广口甏，先放在炭火上烤一烤，驱赶掉甏里的潮气，再把一包包菊花一层一层地放进甏里，每甏容纳13包纸封菊花，每层之间放上一些包裹好的生石灰，用于吸潮，最后密封甏口，即可久储。冬天气候干燥，销售时外包装也有用竹篓的。

民国30年（1941），东大街有一家元隆茂茶菊庄，坐东朝西。老板许法松，经理洪观夫，还有会计、营业员和3个学徒，除一个营业员是桐乡人外，其余全是徽州人。

据桐乡档案馆史料记载，民国35年（1946），梧桐镇有茶菊庄11家，分布于北港、南街、星桥弄等区域，以北港为多，规模较大的商号有经纶庄、施天和、洽昌、信昌、吴保大等。其中程树梁开设在北港的洽昌茶菊庄，为了便于资金周转，向浙江地方银行嘉兴分行申请办理与上海程裕新茶庄、汪怡记茶庄实行承兑汇票贴现。上海五马路上的程裕新茶庄是有名的百年老店，汪怡记茶庄也有20余年历史。从中可见桐乡茶菊庄在上海的生意规模非同一般。菊花为季节性产品，所以桐乡的茶菊庄大多也做烟片（晒红烟）生意，既是茶菊庄，也是烟行。同年11月底，由施晋珊、朱新猷（又名经纶）等6家茶菊庄店主发起，筹建桐乡县茶菊业同业公会，并于民国36年（1947）1月成立，朱新猷、施晋珊、吴慰农任理事，朱经澍任监事，民国38年（1949）7月，东门外南街又新开一家昌记茶号，资本额15000元，主营茶叶和菊花，店主汪宗发，安徽歙县人。

民国36年（1947）《桐乡民报》刊载有茶叶号广告一则，载："义丰茶叶号举行特别大廉价，特备佳品，上等红茶叶每斤五百元，上等绿茶叶每斤四百五十元，每斤附送上等火柴一包。地址桐乡南门外吊桥南首。"

民国38年（1949）梧桐镇菊业统计表

商号	业主	年龄	地址	开业年限	备注
沈元泰	沈善基	66	南街	5	
施天和	施晋珊	65	南街	24	
信昌	朱经澍	44	北港	12	
洽昌	程树梁	34	北港	9	
声记	洪观秋	42	星桥弄	8	安徽人

商号	业主	年龄	地址	开业年限	备注
堃茂晋	金晋康	55	北港	12	1947年登记大椿
衡茂隆	潘寿宝	52	南街	4	
福昌	金子堂	40	锦树前	3	
经纶庄	朱新猷	49	北港		1947年登记
仁记	郑福林	42	北港		1947年登记

民国38年（1949）梧桐镇茶叶业统计表

商号	业主	年龄	地址	开业年限	备注
元隆茂	许法松	36	东街	6	1945年业主洪观夫
吴保大	吴慰农	47	南街	15	安徽人
义丰	吴玉孚	39	丁字街	8	安徽人
张恒盛	张荫堂	42	星桥弄	7	安徽人
昌记	汪宗发		南街20号		安徽歙县人，开设于1949年7月
桐乡油厂	王祥麟	40	庙桥街	13	

注：花园街还设有柴友记，业主柴友甫，嘉兴人。

附录：桐乡产的白菊花为何冠以"杭"字？

在梧桐镇开茶菊庄的生意人中，流传着一则广为人知的故事。"杭白菊"称谓的来历，竟与徽帮茶商和南洋老板斗智有关。

当时，梧桐镇北港的经纶茶菊庄通过安徽茶商汪裕泰在上海的行庄，把桐乡的白菊花转手销往南洋，打开了销路。朱经伦从农民手里收购的菊花，经过精心处理、加工和包装，按汪裕泰的吩咐，贴上商标和产品说明，于是桐乡菊花千里迢迢运往南洋。

南洋商人梁老板收到汪裕泰发出的第一批菊花。一打开封口，阵阵清香飘逸而出。拿出来一看，只见每个封包上都贴着一张绿色的招贴纸，"蝴蝶牌杭白菊"几个字跃然纸上，下面是一段介绍产品的文字："杭白菊者，冬苗、春叶、夏蕊、秋花，备受日月之精华，四时之灵气。常饮菊花茶，能散风清热，平肝明目，解毒消炎，耐老延年。"落款是"杭州西湖金伦茶菊庄"。有趣的是在落款下面还有一段引人注目的文字："本庄不惜巨大工本，在西子湖畔购地数千亩，聘请工匠，精心栽培，所产茶菊，非同一般，欲买正宗杭白菊，请认准蝴蝶牌商标。"梁老板一脸惊喜，忙打开封包，撮了几朵菊花，放进茶杯，沏上开水，片刻，只见朵朵菊花在水中竞相开放，花瓣层层叠叠，花色洁白晶莹，花香清馨扑鼻。梁老板不禁拍手叫绝：怪不得古人称之谓"千叶玉玲珑"！

有这么好的货，还怕打不开销路？杭白菊在南洋的需求量日增，精明的梁老板心里打起了小算盘。既然知道杭白菊产于西子湖畔，何不甩掉汪裕泰这个中间商，直接去杭州找金伦茶菊庄，这样一来，获利不是更丰厚了吗？于是，他带了几个伙计，漂洋过海，来到杭州，四处打听金伦茶菊庄。可寻遍了西子湖畔，竟然不见杭白菊踪影。无奈之下，只得悻悻而归。

原来，徽帮茶商汪裕泰熟谙商界竞争之道，与梁老板在茶叶生意上曾打过数年交道，知道梁老板是个贪心十足的人，与其交往，必须处处设防。于是就虚晃一枪，把白菊花的产地说成是杭州西子湖畔。在当时交通不便、信息不灵的环境下，汪裕泰的张冠李戴这一招，还确实起了很好的自我保护作用，使梁老板过河拆桥的梦想化为泡影。然而，桐乡特产白菊花却从此冠以"杭"字而扬名海内外。

第三节　杂货　洋广货业

杂货业，又称什货业，主要经营日常百货，瓷器业主要经营陶瓷用品、草席、铁锅等。梧桐镇上的杂货店分布较为分散，其中以吴甡昌、久大、正和号经营时间最长，规模也最大。洋广货店，主要出售现代工业生产的各种日常生活用品，包括洋布、洋油、洋灯、火柴、洋皂等日用百货，集中分布在东大街、鱼行汇及南门一带的闹市区，开设时间均不长，以郑泰和开业最久，业主郑锡祺，还经营卷烟、土丝，可谓业内翘楚。

民国34年（1945）12月，桐乡县杂货业同业公会成立，会员11人，会长吴葆清。同月，桐乡县洋广货同业公会成立，会员13人，会长郑锡祺。

除了杂货和洋广货店，实际上还存在不少百货店，出售的货品与前两者基本相同。民国35年（1946）7月22日《桐乡民报》刊载百货店广告一则："大丰恒百货商号，复业伊始，各货备齐，标准薄利，欢迎比较。地址鱼行汇。"

民国38年（1949）梧桐镇瓷器、杂货店统计表

商号	业主	年龄	地址	开业年限	备注
胜丰	朱可劳	32	东街	10	1945年业主朱松卿
吴甡昌	吴葆清	41	鱼行汇	20	
毛裕丰	毛金生	26	东街	6	1945年业主毛厚松

商号	业主	年龄	地址	开业年限	备注
久大	陈芝堂	47	横街	22	
正和	沈子麟	53	云龙阁	30	
陆益茂	朱瑞卿	53	星桥弄	18	1945年商号名昇源
曹恒昌	曹寄明	42	丁字街	14	1945年业主曹子林
万春	史家禄	28	北港	3	
沈福泰	沈志道	24	南街	3	1945年业主沈福生
华成	周伯华	38	南门吊桥	5	
章福记	章福海		东街		1945年登记
仁大	程祖荣		南门直街		1945年登记

民国38年（1949）梧桐镇洋广货业统计表

商号	业主	年龄	地址	开业年限	备注
郑泰和	郑锡祺	49	鱼行汇	18	
大丰恒	吴松龄	49	鱼行汇	16	
德康祥	曹森康	28	东大街	10	
天祥	吴若涵	43	东大街	5	
松记	黄耀先	40	东大街	9	
万泰兴	钱禄如	56	东大街	15	
天福	金宝善	48	东大街	8	
陈士记	陈士奎	36	南门直街	7	
永源	郑秉元	53	南门直街	14	
毛聚兴	毛永康	31	丁字街	10	
瀛记	陈永明	32	丁字街	6	
小小商店	王德洲	46	云龙阁	5	
徐源昌	徐金林		南横街		1949年9月开设

知名商号：徐家杂货店

徐家杂货店位于南门直街南段，始于民国初年。业主徐品生（徐肖冰父亲），以前在外地一家杂货店里当伙计，因为店家裁员，他回到家里。徐品生父亲徐熙伯在南门直街与财神弄交接处王家米店边上租了一间店面，开了家小杂货店，交由徐品生打理。

杂货店主要销售老百姓日常生活中不可或缺的物品，如铁锅、铲刀、锅盖；饭碗、调羹、筷子；煤油灯、洋油、火柴、灯草、灯芯、媒头纸；烟筒、烟管、水（旱）烟；引线（针）、顶针、线板；畚箕、扫帚、拖把；香炉、烛台、蜡烛；草席、枕垫、蒲扇；蓑衣、笠帽、纸伞等等。还销售一些蚕具，叶墩头、鹅毛、蚕筷、炭盆、火钳等。

因为徐品生当学徒时学的就是杂货生意，所以经营也是熟门熟路。他为人厚道，态度和善。进货的时候，严格把关，不让假货次品进店。他尽量购进桐乡本地出产的货物，可省运费，同时，本地货知根知底，能够保证质量。比如铁锅，就从乌镇沈氏冶坊里进货，这种铁锅，锅膛光滑，经久耐用，老百姓十分喜欢。油纸伞，从县前街朱德大制伞作坊进货，这种竹骨油纸雨伞，用料考究，制作精细，抗水性强，农民称其为"撞断桑条头"。照明敬神用的蜡烛，从屠甸镇郑源泰蜡烛作坊进货，这种蜡烛，蜡油纯正，烛芯粗大，老百姓十分信任，民间歇后语称："郑源泰蜡烛——胆大放心（芯）。"

民国初年，徐品生与乌镇人毛源珍结婚。徐家和毛家分别在梧桐和乌镇开着杂货店和南货店，但两家都是本轻利薄的小店铺，徐品生由于经营得法，店开得不错，但常年烧火带管账[①]，终日操心，积劳成疾，后来染上肺病，无钱医治，30多岁就过世了。

---

① 烧火带管账：桐乡俗语，意指大小事情一人兼顾。

第四节　鲜鱼业

民国时期，梧桐镇的鱼行集中在南门和东门的临河地段，像东吊桥街5号的沈合和鱼行，就是典型的前门店堂，门前路面开阔，后面吊脚楼，活鱼可养在楼板下的竹篓内，便于鲜鱼交易。

旧时鱼类的品种不多，多为鲫鱼、草鱼、鲢鱼等本地鱼种。民国后期有渔民组织的行会，规范业内价格、行规等。

民国38年（1949）梧桐镇鱼行统计表

商号	业主	年龄	地址	开业年限	备注
沈合和	沈金生	52	东门口	30	
沈金记	沈金宝	46	南街	25	
	张宝南	60	丁字街	35	

知名商号：沈金记鱼行

沈金记鱼行业主沈金宝（1902—1974），7岁丧父，上有大2岁的姐姐，生活全靠开鱼行的祖父支撑。

沈金宝12岁时，祖父也去世了。他被介绍到祖父的生前好友嘉兴曹五宝鲜鱼行当学徒，不但有碗饭吃，到年底还有点鞋帽剃头钱等，可以拿回家交给母亲补贴家用。3年满师后，他又继续干了3

年，一则可以赚钱养家，二则可以熟悉掌握鱼行的"绝活"：拎过渔民的货一称，倒在鱼筐里用秤杆拨开，眼睛一瞄，就已经心中有数，喊出来的价格八九不离十。要是不信，可以当场将筐里的鱼分门别类一一称过，再细算，加拢来的钱款与报价基本相同。

民国8年（1919），沈金宝回到梧桐镇，但祖父的鱼行早已被族人所吞占。为了解决鱼行归属争议，沈氏族长沈德和邀请行内人士和族人在茶馆店里"吃堂茶"，说明情况，并带领沈金宝、沈阿三、矮美徒、马阿松等人商议一个妥善的解决办法。虽然双方拳脚相加，但最后沈金宝夺回了店铺，继承祖业，开张了沈金记鲜鱼行。

沈金记鱼行开业后，坚持以诚信为本。沈金宝成为梧桐镇上响当当的"鱼阿金"。

鱼行设备简陋：一只账桌一把椅子，笔墨砚、账簿、算盘。一只大鱼桶，直径1.3米左右，高0.4米，盛水养鱼可达百斤；桶上搁一块板，板上放一只小木桶，近桶底开一个小洞，用一段竹管塞进洞中，留在外面的部分朝上开个小孔，用稻柴芯折叠后插入孔中，可以控制水量缓慢地滴入大鱼桶，起到增氧的作用。边上放一只木勺，用来舀水到小木桶里，还有大小两只捞鱼网。此外，就只有两只长条凳，铺上店板，既可以放东西又能坐坐。这些，便是开鱼行的全部家当。

鱼行每天两个市头。早市多乡庄客，农民吃过早茶就买点鱼回家；晚市大多是街上人，买条鲜鱼晚餐搭点小酒。因此，捕鱼的网船也扣准这两个市头。来沈金记鱼行卖鱼的，多时十几条鱼船，少则七八条，秤好，倒出，记账，就摇走了。早市卖的，十一点左右来拿鱼钱，晚市卖的，下午五六点钟来拿，鱼贯而至，成为规律，从无纠纷。

另一边，鱼贩子也是这两个时候来进货。排队，货多货少、品种优劣，只好碰运气，公平交易，都无二话。当时，梧桐镇上开鱼店的鱼贩子，有东南街上的邱阿金，鱼行街张俊明父子，鱼行汇钱维仁、钱正泉父子，永宁街邹阿二、邹阿六兄弟，南门吊桥尹家二伯和儿子尹福宝，还有鱼行自己也零售，供多于销时，活鱼可以养，快死的鱼腌制成咸鱼。鱼行灵活经营，渔民的鱼必收，鱼贩子进货要多少有多少。腌鱼也有讲究，要抢时间剖干净，喷上烧酒，撒上盐，是沈金宝的专门技术。他腌制的咸鱼价格便宜，深受农户欢迎，非常畅销。

沈金宝在城河沿（今城河路）买了三间破旧的泥墙平房。他将门前的城河挖深，打桩，搭架子，放置了大小不同的五只鱼篓，用铁链条吊浸在河里养鱼，大的可养几百斤。鱼篓口加盖，穿铁链条后上锁，还要搭跳板才能过去，但仍有可能被偷鱼，故夜里还得要管。

经营鱼行，管账很重要。沈金宝让大儿子沈天生管过一年，后来一直由表弟张三娜经管，其为人可靠，配合默契，得心应手。店伙计三个：王倌、阿顺、马阿松。几年后，老二沈顺生、老三沈月生长大了，相继顶替了那三个伙计，鱼行成了父子店。

鱼行不可能每年都很顺利，一般到中秋节前后，沈金宝就已经心里有数，万一鲜鱼货源减少，他就立马通过嘉兴熟人去乍浦购进一批腌制的海产品，如黄鱼、鳓鲞、马鲛鱼、咸带鱼等，价钿不贵，很受四乡农民的欢迎。

第五节　南北货行　八鲜业　水果行

　　南北货行，主要经营各类干货，如荔枝、莲子、木耳、杏仁、柿饼、青笋干、花生、瓜子、栗子、百合干、枣子、核桃等等，其中部分南北货行还销售海味干货，如虾米、干贝、紫菜，还有腌腊制品。梧桐镇的南北货店主要分布在南门一带，其中以小鱼行汇的

南北货业同业公会登记表

沈同义号开设最久，这些店铺大多前店后坊，从上海、杭州进货，部分商铺还会现炒现卖。民国时期生意最好的南北货店是沈同义号和黄同丰号，此外还有鱼行街倪阿成、永宁街倪永庆和东南街徐星记。

民国34年（1945）11月，成立桐乡县南北货、腌腊业同业公会，会员10人，会长沈承业。

八鲜是江浙一带的鲜味合称。关于八鲜业，《扬州画舫录》记载："坝上设八鲜行。八鲜者，菱、藕、芋、柿、虾、蟹、车螯、萝匐。"此外还有春八鲜（芦蒿、蘑菇、莴苣、蚕豆等8种蔬菜）的说法。因此所谓八鲜业，即售卖菱、藕、百合、生姜等时令蔬菜，也兼售南北货等。西帮岸的王仁记，开业于民国8年（1919），兼营水果。

水果行，又称地货行，经营传统蔬菜、水果。梧桐镇的水果店多数规模较小，未被统计，其经营的方式多为从附近乡村集市采购的时令水果，如枇杷、西瓜等，还有檇李、蜜桃、李子等果品。

民国38年（1949）梧桐镇南北货行统计表

商号	业主	年龄	地址	开业年限	备注
沈同义	沈承业	57	小鱼行汇	40	
震丰	虞佐廷	45	东门直街	14	
黄同丰	黄立成	51	东街	20	
朱鼎丰	朱锦文	57	南门直街	24	
鼎丰	虞福祺	52	南门直街	19	
李福昌	李元璋	35	丁字街	12	
德大恒	蒋德隆	30	丁字街	11	
徐星记	徐高氏	39	东门外南街	24	
沈合和	沈天生	26	东门外南街	9	
大昌全	徐伯全	61	星桥塊	30	
沈合和金记	沈金生	50	东吊桥塊	3	

民国38年（1949）梧桐镇八鲜业统计表

商号	业主	年龄	地址	开业年限	备注
王仁记	王少云	51	西帮岸	30	

民国38年（1949）梧桐镇水果业统计表

商号	业主	年龄	地址	开业年限	备注
	丁锡堂	50	西帮岸	30	
	王少云	51	西帮岸	30	

知名商铺：沈合和南货店

沈合和南货店开设于东南街与星桥弄交叉口，朝南一间门面，朝西两个门面，自民国27年（1938）开张后，虽只经营10来个年头，但其间名气不小。

沈金记鱼行业主沈金宝有四个儿子，他在相距鱼行120米处，又租赁店面，开了家南货店，取名"沈合和"，交由长子沈天生经营，同时还派了个伙计王倌去帮忙。其时，沈天生还只有14岁，那个伙计也只大他3岁。

沈金宝之所以兼开南货店，是因为他早年在嘉兴鱼行做伙计时，师父和同事中有几家兼开南货店。沈合和南货店经营的商品，有咸肉、火腿、鳜鲞、咸鱼、海蜇、莲子、桂圆、荔枝、核桃、花生、柿饼、糕饼、枣子、笋干、皮蛋、咸蛋、白糖、赤砂糖以及罐头水果等等，品种繁多。沈天生虽然年轻，但有父亲的提调照顾，生意做得还不错。

5年之后，沈天生娶北门朝东墙门曹家女儿为妻。1946年，沈金宝提议分家，将儿子们在南货店应得的份额，折价抵还，从此，南货店就归沈天生独立经营。

南货店归沈天生后，沈金宝将嘉兴的进货渠道、人际关系等全都交给了他。沈金宝好友王升禄、吴寿祺经商路子很广，沈合和南货店托他们进货，每次都能按时送到，诚信可靠。

但沈天生身体较差，日伪时期受到日军毒打，落下肺病，幸亏妻子能干，沈合和南货店才能维持下去。

沈合和南货店的顾客，以镇上老客户为主，货色要好，价钿稍贵些不妨，都是当场银货两讫，占销售额的三分之一，其余三分之二是乡庄客，靠长年赊账为促销手段。乡庄客的范围较广，南到灵安古店桥、百桃油车桥，北至运河塘以南的村庄，西门外钱林附近七八里路之内的村庄，以及过东的亭子村、魏家门等，都到沈合和来购买。

知名商铺：高姓水果店

民国时期，丁字街有一家父女经营的水果店，店主姓高，女儿叫高月仙。高家来自萧山，因钱塘江发大水，淹了田地，便迁到桐乡来，租门面开店。起先是父亲撑门面，后来由女儿撑门面。

这家水果店最受人欢迎的是热山薯，每年一过立冬，高老板就把一只紫铜镬子洗刷干净，放在泥涂灶上。隔夜叠好一镬子山薯，半夜过后就起来生火烧山薯。吃早粥的时候，整条丁字街上就弥漫着热山薯的焦香味，镬盖一掀开，满间屋热气蓬天。蒸腾的热气中，高老板高喊一声："热山薯开镬了！"

寒冬腊月，买个热山薯当早饭，既饱肚又暖身，买的人还真络绎不绝。高家父女烧山薯有功夫，一镬子山薯烧熟，水烧干，镬子底上的一层山薯只焦了一层皮，焦香四溢，既糯又甜。一个早市卖完热山薯，紫铜镬子一洗刷，就装上一镬子老菱，放满水烧，到中饭的时候，老菱香气四溢，又是卖热老菱的时候了。

第六节　豆腐店

　　民国时期梧桐镇上的豆腐店有16家：南门外臭水浜有徐德顺豆腐店（豆腐阿七）、丁字街有徐茂盛南号豆腐店（徐福林）、南门吊桥北堍有徐茂盛北号豆腐店（徐福全即豆腐阿大）和潘文炳香豆腐干店；南门直街有高文兰豆腐店（小桥高福堂）、邹传林香豆腐干店，熙桥北堍有高德顺豆腐店；北街有谢阿三豆腐店（谢德宝）和沈德金豆腐店；北门栏杆桥东堍有戴来祥香豆腐干店，东仓桥南堍有沈源盛豆腐店（马楞瓜）；东门吊桥西堍有张球豆腐店，东门外南街有朱鼎顺豆腐店（朱元勋）；星桥弄有郑泰和豆腐店（郑甫全和郑甫松）、施小毛豆腐店以及施阿九豆腐店。

　　旧时豆制品的价格相对来说比较低廉，花三个铜板买两块生豆腐倒上酱油，或者买几块臭腐乳，一家几口人就能对付一天了。

　　本地较为知名的豆腐制品有豆腐衣包豆腐，豆腐衣在温水中浸泡半分钟，切成四寸见方，再将老豆腐拌上青笋干、开洋、香菇、精盐、菜油做馅，放在切好的豆腐衣上，包裹成长方体的豆腐衣包，上蒸锅炖煮十分钟，淋上香油，即可享用。此外，豆制品小吃更是花样百出，如兔子豆腐干、油沸臭豆腐干、臭腐乳、京粉头千张包……这些小吃也是酒楼饭馆的必备菜肴。

　　流动小贩挑一副担子，前面灶头架汤罐，汤罐里插着竹扦串好的豆腐干，后面是装有桐乡辣酱、葱花、豆腐干等的木柜，边走边吆喝。

过去的豆腐店基本上是前店后坊，以夫妻、父子为主的家庭作坊，除用驴子牵磨外，其余均为手工体力活。设备十分简陋、原始：一、一只牵磨的小毛驴和放在木盘上的一副石磨，石磨上装有一只木漏斗，便于黄豆均匀地滚入磨孔，漏斗上方悬挂一只滴水木桶。二、砌一只烧砻糠的两眼老虎灶，安装两只接口大镬子。三、一台压榨豆制品的木质撬床。

油豆腐和臭腐乳均为季节性产品，油豆腐价格比较贵一点，一般只在临近年关时才有，而臭腐乳只在春天生产。

民国34年（1945），成立桐乡县豆腐业同业公会，会员10人，郑子嘉任会长。一届任期三年，立有行规公约，协调矛盾，统一质量和价格，每半年组织各店家互查，若有违者，加予处罚。

过去的豆腐、豆腐干论块卖，豆腐立方三寸值两个铜板，白豆

豆腐业同业公会登记册

腐干方约二寸厚四分值两个铜板，香豆腐干寸半见方厚三分值三个铜板，千张和油豆腐论斤卖，千张十六个铜板一斤，油豆腐二十个铜板一斤。

规模比较大的，有徐茂盛豆腐店、郑泰和豆腐店、高文兰豆腐店、沈源盛豆腐店和朱鼎顺豆腐店，一般每天消耗二担黄豆，其他店家都在一担以下，当时每担黄豆价值两至三块银圆。

民国38年（1949）梧桐镇豆腐店统计表

商号	业主	年龄	地址	开业年限	备注
沈源盛	沈茂廷	59	栏杆桥	20	
高德顺	高其有	36	诗桥	14	
高源兴	高福堂	52	小桥	24	
徐德顺	徐廷祯	48	邵家桥	21	
徐茂盛	徐佩扬	60	丁字街	30	
谢正盛	谢桂堂	49	北街	23	
朱鼎顺	朱元勋	42	东门外南街	20	
郑泰和	郑子嘉	45	星桥弄	19	
施聚盛	施文安	54	星桥弄	28	
施聚盛北号	施志荣	27	星桥弄	5	
顾源茂	顾耀和	47	栅口	17	

知名商号：徐茂盛豆腐店

清朝末年，桐乡南门外丁字街有一家徐茂盛豆腐店，老板名叫徐佩扬，大家都叫他大伯伯。徐茂盛豆腐店因为规模大，雇有几个伙计，因为产品多，销量也大，豆腐店除了豆腐、千张、油豆腐、豆腐干外，还做臭腐乳。

臭腐乳据说最早是北街一户董姓豆腐店所生产，所以叫桐乡董腐乳，还因其形状似棋子，故又称桐乡棋子腐乳。

臭腐乳不是一年四季都生产的，属于季节性产品，每年农历三月至五月是生产臭腐乳的季节。一则因为这段时间内没有苍蝇，不必为臭腐乳生蛆而担心；二则这段时间的温度一般在17℃左右，是腐乳自然发酵的最佳温度。生产臭腐乳的技术虽然不复杂，但观察霉变的花色要掌握得恰到好处，要靠经验积累，经过点浆、压榨、划坯、发酵等步骤，最后把发酵好的豆腐块装入甏内，垒叠整齐，倒入绍兴黄酒，浸没腐乳，加入适量的盐、糖、橘皮、花椒，数量要掌握得恰到好处，然后扎紧封口，静置七天左右即可食用。装腐乳的甏，分一斤装的小甏和五斤装的大甏，小甏可用作馈赠亲朋好友的礼品，大甏用于店家零卖。每年清明过后，徐家就会在临街的柜台上放一大甏臭腐乳。

臭腐乳价格便宜，能佐粥，也能佐饭，特别能过冷饭，当地人叫"煞渴"，也能用腐乳卤烧其他菜。每当这个季节，徐茂盛豆腐店就格外闹猛起来，来店里订货的客商络绎不绝，街坊邻居和周边农村的农民拎着篮、带着碗来买臭腐乳，徐家老板娘巧宝问清数量，便轻轻掀开甏盖，用竹筷一块一块夹出来，挟腐乳也是一种技术，稍微夹重一点，腐乳就碎了。凡是拿两只碗来买豆腐和臭腐乳的，巧宝知道要用腐乳卤炖豆腐，就多加一些腐乳卤，让顾客满意，所以生意一直不错。质量好的臭腐乳别有一番风味，更好吃的还有臭腐乳卤炖豆腐，一甏臭腐乳卖完，剩下的汤卤放几天，臭味渐浓，颜色由黄变灰，这时的汤卤最适宜炖豆腐。捣碎豆腐，加入几调羹汤卤和一些笋末子，淋上几滴菜油，加入少些盐，然后炖，等到饭熟，一揭开锅盖，一股奇特的香味扑鼻而来，其味道鲜美至极。

第七节　鲜肉业　小猪行　摆蜂行

梧桐镇上的肉店多数分布在鱼行汇和南门一带，以徐隆泰号开设最久。

民国35年（1946）5月，县商会成立鲜肉业同业公会。民国36

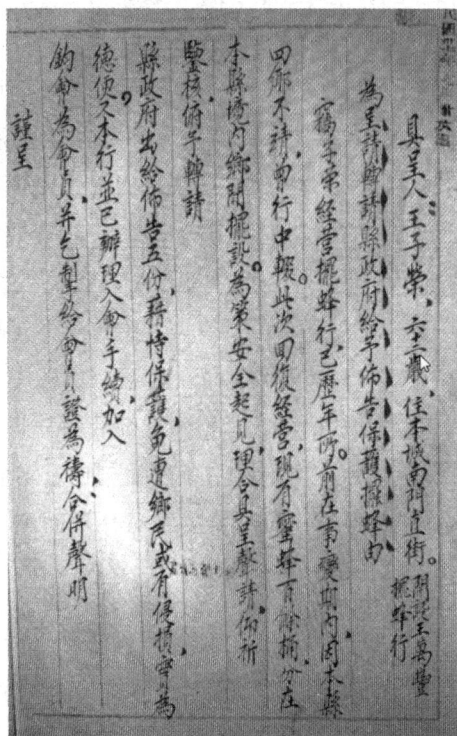

王万丰摆蜂行呈文

年（1947）《桐乡民报》刊载一则《桐乡县鲜肉业同业公会紧要启事》："查本会会员，率属薄本经营，现在毛猪进本既钜，县府已责限购，已感周转困难，乃顾客尚有昧于趋势，……本月份起，顾客不得已暂请挂延。在月至上半月者，务于十五日结偿，下半月者，务于月之末结偿。"由此可见当时肉铺经营确实举步维艰。

小猪行设于东门外南街，临街店面，后为猪栏，小猪行收购小猪，或者代为销售收取佣金。商号间彼此合作大于竞争，往往划定区域，有稳定的客源。

摆蜂行，即出售蜂产品的店铺。在桐乡地区较为少见，南门直街的王万丰摆蜂行，业主王子荣，抗战期间暂停营业，民国37年（1948）恢复营业时，有蜜蜂百余箱。

民国38年（1949）梧桐镇鲜肉业统计表

商号	业主	年龄	地址	开业年限	备注
章万昌	章嘉龄	50	星桥弄	20	
牲源	周长根	45	东门外南街	13	
永泰	葛俊生	41	东门外南街	10	
蔡叙泰	蔡叙抗	39	东门外南街	10	
沈牲记	沈连生	49	东门外南街	12	
徐隆泰	徐文达	68	东门内	40	
协昌	吴伯清	37	东门直街	9	
蒋源泰	蒋伯嗣	40	鱼行汇	14	
施源盛	施宝荣	61	鱼行汇	25	
陈宝记	陈菊农	51	东街	7	
正茂	沈志贤	25	诗桥南堍	5	
钱裕丰	钱鸿宾	54	南门直街	14	
怡泰	周伯荣	44	南吊桥堍	17	
公顺	吴阿荣	28	丁字街	6	
张裕泰	张金林	54	东门外横街	27	

民国38年（1949）梧桐镇小猪行统计表

商号	业主	年龄	地址	开业年限	备注
	钟俊伦	33	东门外南街	2	
万泰	沈志恒	30	东门外南街	8	
嘉泰	李永乐	54	东门外南街	6	

民国38年（1949）梧桐镇摆蜂行统计表

商号	业主	年龄	地址	开业年限	备注
王万丰	王子荣		南门直街		

知名商号：蒋源泰肉铺

民国时期，鱼行汇有家鲜肉铺，叫蒋源泰肉铺，老板蒋伯嗣，开设于民国24年（1935）。这家肉铺是梧桐镇上生意做得最大的一家，一个早市可以卖两三头猪。

旧时，肉铺老板一般都身怀三技：判猪、杀猪、斩肉。一般来说，肉店出售的猪肉都是直接从农家购来，也有少数从外埠购来的。一头猪判准白肉后，直接动刀宰杀，再把白肉拉回店里零售。蒋伯嗣很会做生意，一个早市做好，就捧个茶壶，坐在门口，与来往的农民打招呼，请他们在门口叠起来的门板上坐坐，敲敲朝烟，喝杯红茶，所以，农民都喜欢和他聊天，县城附近几十个村子里，哪一家养了几头猪，哪一家的猪有多大了，他了解得一清二楚。

一般的农户大都是春天捉了小猪饲养，到年前斩杀，蒋伯嗣知道哪一户的猪要出售，就会主动与农户联系。

第八节　树柴行　材铺　石匠行

　　树柴行，又名柴草行，"柴米油盐酱醋茶"，柴是首位。梧桐镇上的柴行主要分布在南门、东门外临河处，售卖的木柴种类很多，包括茅柴、硬柴、桑柴、段柴等，此外还有杉木、木炭等出售，柴草以捆、担计数。柴行业主是牙商，俗称"柴主人"，是买卖双方的中间人。

　　民国36年（1947）3月1日《桐乡民报》刊载"柴价高昂声中，公会力谋挽救"的报道："近来柴价高昂，售价不一，既淆乱市场，更滋害民生。本县树柴商业同业公会，为力求避免以上弊端起见，特于本月二十六日下午二时，借县商会会议室，召开第十二次会员大会，县府指导员周志铭列席，经通过要案多起，兹分列如下：一、评定柴价为稻柴五千五百元、豆梗九千元、柏柴四千元、桑柴七千元、杂柴六千元、栗柴八千元（单位每市担）各加外用百分之十五，业已印制价单，分发各会员遵照。嗣后树柴须往柴行评价后始可出售，如擅自提高价格，经发觉后，须受加倍罚金。二、各机关住户及商铺买柴，可向就近柴行购买。三、支配军警燃料数目，二月份照旧，自三月份起尽量征求非会员入会支配数目……"

　　材铺，即棺材店，又称寿材店。梧桐镇的棺材店大多分布在南门、东门外，也有设立于县城内中心地带的，如杨公和。杨公和是开设时间最早的材铺。一般棺材采用松木、柏木制作，除了寿材，还出售各类金塔、寿衣、纸扎等殡葬用品。棺材店对顾客一般都不热情，伙计绝不能说"欢迎下次再来"，以免引起反感。

石匠铺，主要经营石料，多为外籍人所设。

民国38年（1949）梧桐镇树柴行统计表

商号	业主	年龄	地址	开业年限	备注
王正和	王宪章	40	丁字街	18	
茂盛	沈寿嵩	42	栏杆桥	20	
永盛	潘寿宝	41	东门外南街	15	
聚兴	陆锦生	50	南门外	24	
邵信和	邵久康	30	东门内	14	
朱顺记	朱顺生	36	妙智	11	
合记	沈永康	45	庄家桥	10	
一兴	朱一兴	38	日晖桥	7	

民国38年（1949）梧桐镇材铺统计表

商号	业主	年龄	地址	开业年限	备注
永盛	潘寿宝	42	东门外北港湾湾头内	9	
嵩记	沈寿嵩	46	栏杆桥堍	7	
	杨雪荣	48	南门外八字桥西	5	
杨公和	杨芝元	70	武庙前平桥街	40	
大椿	金晋康	50	北港	25	
陈记	陈甫金	49	施桥堍		
久丰	陈伯林	32	东门外南街	8	
豫兴	朱廷贵	27	邵家桥	3	
豫兴分号	朱廷贵	27	小桥	3	
范吴昌	吴玉泉	50	星桥弄	13	

知名商铺：戚财松石匠铺

民国时期，桐乡县城北港河港南有家石匠铺，业主戚财松，是一名能工巧匠，在梧桐镇上开了一家石匠铺子。

戚财松是太湖洞庭西山人，生于1901年，祖上是当地有名的石匠，开有石匠铺，到父亲这一辈，店内有7名伙计，石头生意做得风生水起。民国26年（1937）底，日军占领苏州，石匠铺被焚，生计无措。

戚财松逃难到梧桐镇，凭着祖上传下来的手艺，定居在北港河南岸，开了一家石匠铺，与石头为伴，以锤子、凿子为"吃饭家伙"，干起了修桥铺路，端磨凿碑的力气活儿。

有一年，戚财松参与修建梧桐镇上一个大粪池，一块石头滚下来，压断了一条腿，幸亏伤科郎中钱久麟精心治疗，半年后，才又站了起来。

抗战胜利后，炉头三元桥（在今乌镇元丰村内）坍损，地方上邀请戚财松修缮，忙活了一个冬天，才修好石桥。

修桥的工艺要求十分严格，两块石料之间要凿成雌雄榫镶嵌，方能牢固。石匠的凿子有扁凿、尖凿，扁凿是凿石头表面的，尖凿是用来精雕细刻的。每天从早到晚挥锤不止，干一天工钱也不过一二升米。戚家一共生了7个儿女，活了5个，其中1个送人又抱回来，真是卖尽苦力，一家人才有顿粥饭吃。

乌镇市河帮岸坍损严重，地方士绅派人来请戚财松。戚财松约请师兄陆加林、王春生等人一起施工，先打木桩，再铺条石，许多条石已沉入河底，被淤泥覆盖。他到海盐甪里山买石头，按尺寸劈凿，这些活儿都是在露天干的，最多也只是搭个芦席棚，避避烈日，躲躲风雨。

戚财松凭着精湛手艺，到处打工。一些有钱人家为死者立墓碑，会请他去雕刻。戚财松虽然小学没毕业，但对刻写非常熟悉，横竖整齐，撇捺有力，大小规范，排列有方，所以深得赞誉。

民国36年（1947），县城石牌楼破损严重，商会聘请戚财松修缮。

梧桐镇的几户殷实人家，建房砌墙界石，也都请他勒石刻字。因为常有石屑飞入眼睛，戚财松的视力渐渐模糊，到了老年，只能干些粗活，对精雕细刻的活儿已力不从心。

知名商铺：范记椿木店

木作有长木、短木、圆木和车木等之分。长木师傅是指专门竖栋架梁建造房子的木匠；短木师傅是做床、桌子、椅子、板凳等家具的木匠；圆木师傅俗称箍桶匠，专做锅盖、桶盆之类的木制品；而椿木师傅，也就是车匠师傅，是专门制作水车、风车等农具的木匠。

民国时期，县城东南街北侧有一条小街，叫星桥弄，弄口有一爿范记椿木店。店主范锡泉和儿子范汉章、范汉堂，专做风车、丝车、木犁等农具。特别是范汉堂，手艺高超，深得农户的欢迎和信任。

范锡泉本籍萧山，携妻带子到桐乡后，发现桐乡是平原地区，"一水四地五田"，盛产稻谷，又重蚕桑，所以范锡泉让两个儿子学做当地极少营生的车木手艺。

制作风车和水车的叶片，要求很高，叶片做大了，容易被外壳卡住，难于转动，做小了，又不容易产生风量和出水量，只有恰到好处，才会产生效能。梧桐镇人口不到七千，主要商店集中在东大街、东南街和北港街，尽管是县治所在地，有多家粮店、布店、杂货店等，但范记椿木店是梧桐镇上唯一一家经营户，因此来选购车木农具的农民比较多。

一天，麦干浜的农民徐财德来到范记椿木店，要买一部木犁。制作木犁最难的是两个零部件，一个是呈S形的挡手犁木，另一个是呈月牙形的"牛扁担"，这两个零部件，一般的木头承受不了耕牛的拉力。正好，范汉章早几年在乡下看见一些质地坚硬，又有弯曲的油树，曾买了一段，正好把它制成木犁，使用起来恰到好处，徐财德很满意。于是附近农民都说："桐乡城里南街上范木匠制作的犁头用起来最好！"很快出了名，农户都上门请范汉堂制作木犁。

桐乡一带是水乡，运输主要靠船只，木橹制作工艺十分讲究，特别是那个橹脐眼挖深了，摇橹很吃力，挖浅了，又容易脱橹，这是一桩看看不起眼、做做十分难的技术活。范汉堂熟能生巧，恰到好处，令用户十分满意。因此，找范汉堂制橹、修橹的农户络绎不绝。

第九节　绸布业　染坊

志大祥、大隆绸布商店广告

绸布店经营绸缎、棉麻、呢绒等。梧桐镇上的绸布店主要分布在东街，以天成、久盛号营业时间最久，规模最大。民国36年（1947）《桐乡民报》刊登有天成号多则广告："天成绸布商店：负誉十载，始终如一；涨价殿后阵，跌价充先锋，花色称魁首，尺寸顶宽放。地址桐乡东大街""天成绸布商店：花式多，售价贱，承蒙光顾，包你称心""天成绸布商店：花式比人家多，价格比人家贱，包你称心满意。地址桐乡东大街""天成绸布商店：再接再厉，大批运到，美国制不褪色印花旗袍料，新条夫绸每尺三百元，士林布旗袍料四千元，继续牺牲，承君挑选，不顾成本，不胜欢迎"。

同一时期的《桐乡民报》还刊登有志大祥绸布商店的广告："志大祥绸布商店：衣料汇总，花色与众不同，售价始终便宜。地址桐乡东大街""志大祥绸布商店：花色汇总，售价之廉，刷新一切记录，有口皆碑，绝非次货号召。地址桐乡城内东大街"。

1946年5月，县商会发起成立桐乡县绸布、估衣同业公会。

梧桐镇的染坊以恒义丰开设时间最久，但振和号规模最大。民国36年（1947）5月7日《桐乡民报》刊载有广告："振和洗染商店：聘请技司，上等颜料，各色鲜艳，承蒙赐顾，极诚欢迎。迁移通告，地址：县前街节孝祠西首，分店濮院镇观前街。"

根据民国18年（1929）第23期《浙江省建设月刊》载："据桐乡县呈复，该县城内制革厂于去冬确已迁移至染坊，亦确在乡村本坊漂洗等情，……惟该县东门城外附近设有染坊二家，与城内街市之距离甚近，且河流相通，仍属有碍市内饮水之洁净，……"

民国38年（1949）梧桐镇绸布业统计表

商号	业主	年龄	地址	开业年限	备注
天成	金菊生	35	东街	10	
志大祥	俞鸿涛	54	东街	8	
同盛	傅蓉清	69	东街	9	
信大	陈鸿清	48	东门外南街	8	
久盛	邵久龄	43	东门外南街	10	
一大	杨友仁	24	东街	4	
宝记	孙宝英	26	东街	1	
友记	杨友其	25	东街	1	

民国38年（1949）梧桐镇染坊统计表

商号	业主	年龄	地址	开业年限	备注
郑泰和	郑韶声	42	东门外南街	15	
恒义丰	姚季堂	57	丁字街	30	
振和	吴宝书	50	东街云龙阁	10	

知名商铺：同盛绸缎棉布店

民国34年（1945）前后，梧桐镇东大街有三家布店：同盛、天成和志大祥。同盛的全称是"同盛绸缎棉布店"，坐落在东大街中段，双开间门面，左傍杨泰源香烛店，右邻李连才糕饼店，店主叫傅蓉清。

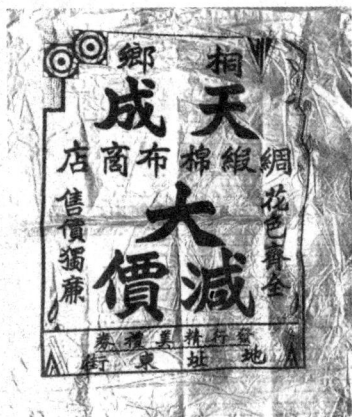

桐乡绸布店广告

傅家世居梧桐镇，家境条件一般。傅蓉清15岁经人介绍到德清一家布庄当学徒，去时只带了拜师钿和一条黄花絮被头，三年学徒期间，他老实勤恳，每天乌青早起床，给师父倒夜壶，烧洗脸水，师父家里的杂活忙完后，再忙店铺里的事：拔店板开门，抹柜台，扫地，清理店堂。柜上五颜六色的布匹，他一一默记布名、产地和进货价格。他紧随师父，看他如何坐堂上柜，如何笑脸待顾客，如何诚心诚意做好一笔笔生意。三年师满，师父问他三年学徒学到了什么。傅蓉清说，从师父身上学到了三个字：勤、诚、精。师父连连点头，说："勤、诚、精，就是一门生意经。"夸他有出息，并介绍他到崇德县石门镇上一家曹姓布店当大先生（店堂经理）。

当了一年大先生，傅蓉清成了经营布匹的行家里手，也具备了独立经营布店的能力。

傅蓉清21岁那年，与一家田姓裁缝铺主的女儿结婚。田姑娘从小跟母亲做针线活，所以有不少私房钱。

结婚前三天，傅蓉清托做彩票生意的表弟朱阿六到乡下去买100个鸡蛋，因为按老梧桐的风俗，迎亲那天，夫家要送100个染红的熟鸡蛋到女家。

可朱阿六搔搔头皮，露出为难的样子，傅蓉清问："有什么难处，说出来。"

朱阿六说："我手头还有十几张彩票没有卖出去，脱不开身，因为彩票过期要作废的。"

傅蓉清说："这十几张彩票，我买下就是了！"

结婚那一天，伴随着锣鼓鞭炮声，新娘子的花轿刚刚到傅家，紧接着又来了报喜的，说傅蓉清的彩票中了头奖。满街的人都说傅蓉清双喜临门，银子娘子一起进门。有了资金，傅蓉清便决定自己开一家布店，于是婚后不久辞了职，小两口在东大街开了一家棉布店，取名"同盛棉布店"，但经营几年，生意并不盛。

小地方进布一般都是到上海，傅蓉清几次到上海，留心市场信息，他发现经营绸缎的布庄，生意都很好。于是，傅蓉清萌生了一个念头：大上海洋布俏销，碗大桐乡城一定也有它的落脚之地。小两口商量后，决定转型，增加洋机器织造的绸缎，便在招牌上加了两个字，改成"同盛绸缎棉布店"。

日本鬼子投降后，平民百姓有一种摆脱压抑的快乐感，衣着穿戴也开始从古装向中山装、西装、学生装、劳动装转化。傅蓉清小两口抓准了这一商机，从上海几家有名布庄进来洋布，一下子吸引了顾客，每天门庭若市，生意红火。

同盛绸缎棉布店一边经营高档的上海绸缎，同时也不放弃本地土布的生意，柜上有彩色花纹绸缎、锦缎、素缎、绵绸、精织花纹布……还有本地各种土布，以迎合各个层次的需求者。随着业务量与日俱增，傅蓉清收了两名学徒：董伦兴和王家坤，但生意还是忙不过来，傅蓉清又请了亲友谢金林、舒仲年和高树生帮忙。分成店内店外两组，店内负责接待顾客，剪布收钱送客，店外负责进货，联系店外业务。谢金林是个裁缝，会做旗袍，家里还有台手织布机，他母亲一天起早落夜能织四尺布。傅蓉清就为谢金林的土布设立专柜，有白布、小格子布、糙绸和大格子布。傅蓉清很有广告意识，他用高档杭产花绸，让谢金林做了一件旗袍，挂在店堂中央的衣架上，旁边又摆了一面五尺高的试衣镜，以此招揽顾客。

傅蓉清做生意不但勤、诚、精，而且非常和气，以"和事佬"出名，不仅布店生意做得好，而且人脉活泛，从不得罪人，同行里头有点小摩擦，都请他当"娘舅"，所以同盛绸缎棉布店的名气越来越大。中华人民共和国成立后，同盛绸缎棉布店成了一家公私合营商店。

第十节　茶馆业

　　茶馆是品茶、吃茶点、休息、娱乐、联络感情、沟通信息的场所。江南的茶馆行业特别发达，与酒肆一样深受民众青睐，同被誉为"酒肆茶楼"。不同时期不同地区，根据茶馆经营方式和特点，茶馆也被称为茶肆、茶坊、茶楼、茶邸、茶房、茶舍、茶亭等。

星桥弄民宅间分布有茶馆

　　茶馆业在百姓生活中扮演着重要的角色，功能齐全，经营方式灵活多样。不但是一个喝茶歇息的地方，而且也是一个会朋交友，交流各种信息的场所。

民国时期，梧桐镇较有名气的茶馆有：鱼行汇闹市区的戴李园茶馆，北港上临河的北港茶馆，东南街星桥弄茶馆，更楼头陈氏茶馆，南门郭泰兴茶馆，云龙阁附近的聚乐园茶馆。抗战期间湖南人贾板昌在武庙街开设了三阳楼茶馆，还有姜锡堂茶馆和陈恭谨茶馆。再加上郊区高家湾、北孟庙、总管堂桥、庄家桥、章家村、北日晖桥等小集镇，大小茶馆店有二三十家。

茶馆摆设较为简单，一只狭长的老虎灶，上面可放7只茶吊，俗称"七星灶"，茶壶都是紫铜的，靠墙置有一只七石缸，每天有挑夫挑水上门，一般用的是河水，也有用井水的，但茶客都喜欢喝河水煮的茶。

讲究一点的茶馆里，摆设十几只方桌，简单的茶馆一般是几块木板钉成的半桌，有的搭起几块长跳板，坐凳大多是长条凳。武庙街的三阳楼摆着八仙桌与八仙椅，另外还备有骨牌凳，茶客多时可以拿出来添座。

茶客大多是中老年人，因为茶味是要慢慢品的，一般头一壶茶，俗称"头开"，茶味较淡，冲到第二壶，茶叶泡透了，特有的茶香才渗透出来，年轻人没这个耐心。

茶馆提供的茶叶多为红茶，也有绿茶，喝菊花茶相对不多。旧时茶叶没有今天的好，要喝好茶的，一般是家境殷实的人家，选择的茶馆是三阳楼那样条件好、设施全的茶馆。一般农民和居民都是就近找茶馆，喝的也是普通的红茶和绿茶。

旧时喝茶的茶资一般是三四个铜板，中华人民共和国成立前夕，物价不稳定，特别是抗战胜利后，政府发行的金圆券，1945年能买一头牛的数额，到1949年春天，只能买一封火柴了，中华人民共和国成立前夕农民喝一壶茶要用上厚厚一叠金圆券。所以茶老板非常欢迎农民茶客易物喝茶，一般是一茶盏米换一壶茶，也有用鸡蛋、蔬菜充茶资的。

吃早茶时，一些茶客用热水洗脸，不过，众多茶客共用一块毛巾，实在比抹布还要脏。茶馆周边一般都有小卖部或糕团店。茶馆内有时还会出现一些算命的、讨饭的，还有叫卖糖果香烟的，人员杂乱，是一个"小社会"。

茶馆主要作用是让农民进城歇歇脚，所以茶馆开店很早，一般在凌晨三点钟前开店门生炉子，但往往还是茶客先到等开门。所以茶馆老板和伙计都很辛苦，据一名叫阿六的老人回忆，他年轻时在北港茶馆做伙计，每天天不亮就急急赶往茶馆，但老板总是拉长了脸训斥他："又睡过头了？明天再早点！"

茶馆业同业公会登记册

喝茶有礼节，有规矩。长辈或老者给你倒茶，你要用整个拳头在桌上磕三下，表示"磕头致谢"的意思，平辈朋友给你倒茶，也要伸出一个食指，在桌子上轻叩三下，表示谢意。喝完茶把茶盅放在茶壶上，再把茶壶盖盖在茶盅上，表示茶已喝好，茶客已走。如果茶壶盖竖放盖在茶壶上，表示茶客临时外出一会儿，还要回来继续喝，茶壶不要撤下。

旧时茶馆还是一个小型剧场，逢年过节，会有一些曲艺人在征得茶馆老板同意后，在角落或墙边搭一个小台，唱三跳或说大书，节目有《武松打虎》《赵匡胤千里送京娘》等，茶客边听书边吃茶，十分惬意。

有时候邻里乃至弟兄之间发生了矛盾纠纷，双方来到茶馆内请茶客们评理，叫作"吃讲茶"。如茶客老沈一直负担老母亲的生活，后来因夫妻患病，无力再负担老母亲的生计，要其弟照管母亲，其弟媳以分家时曾讲好的，由老大管娘、老二管爷为借口，拒绝照顾，老沈只好把老母亲托付亲戚照看，等他夫妻病愈后，他就拖了弟弟到茶馆"吃讲茶"，请茶客评理。茶客大多指责老二不对，也有老者站出来劝和。因茶馆里喝茶的人多数都不认识，只认理不认人，非常公正。其弟便在茶馆内当场向兄长认错，答应以后遇到同样情况，保证把老母亲接去管好，兄弟两人握手言和。

民国26年（1937）11月23日上午11时许，地处鱼行汇附近闹市的三阳楼茶馆，有一个林姓茶客在庆祝"双十节"时在窗外用长竹竿插了一面青天白日旗，日本飞机从上海飞抵梧桐镇上空，以为是县政府，便扔下两颗炸弹，一时火光冲天，吓得茶客们四下奔逃。但炸弹炸偏了，一颗炸了附近的施鼎新中药铺，炸死了老板施阿宝，一颗炸在三阳楼对面的武庙，炸毁了武庙一角。

民国32年（1943）冬，星桥弄口张氏茶馆内，发生了一桩"拔财神"事件。那天一早，富户朱经瀛进茶馆喝茶，在商守先土匪部队当小头目的徐子荣也进了茶馆，走到朱经瀛身边，向他开口借300个大洋。朱经瀛推说这几天没收入，手头紧，不肯借。徐子荣掏出手枪，"砰"地一枪，朱经瀛当场倒地身亡。茶客们从来没见过这种场景，"轰"地一下，纷纷四下逃散。朱经瀛的大儿子朱乃钧才15岁，正在莫干山读中学，得到消息，急急赶回，而小儿子朱乃荣还在母亲腹中。抗战胜利后，国民党县政府责令警察局将徐子荣抓获，以匪论处，就地枪决。

茶馆中不仅有各式茶客，也有一些和茶馆有关的旧式陋习。民国期间，梧桐镇历来有"新春放赌三天"的陋习，自除夕至年初三，茶馆、戏楼等地聚众大肆赌博，甚至平时捉赌的警察，此时也上赌桌捞外快，百姓俗称为"放赌"。

此外，茶馆也因人流众多，被视为舆论宣传的重要阵地。早年投身革命的沈雁冰（茅盾）、沈泽民兄弟及李泳敔等进步青年，在民国12年（1923）前后，曾到三阳楼茶楼和星桥弄茶馆进行过爱国主义宣传。

民国38年（1949）梧桐镇茶馆业统计表

商号	业主	年龄	地址	开业年限	备注
永茂	吴		南门直街		
畅园	陈荣生	49	丁字街	26	
恒丰	沈德魁	51	南门直街	14	1947年商号为恒新
士记	姚士全	35	南门直街小桥南	8	
悦和	姚金生	58	南门直街	12	
明园	朱宝顺	36	东门外南街	10	
一泉楼	姜雪堂	49	东门外吊桥	24	
乐园	罗士芳	40	东门外	7	
长春园	沈达夫	47	东门内迎恩桥	9	
长记茶园	沈长松	49	东门直街	11	
三阳楼	陈顺全	59	武庙街	20	
解渴来	钱纪仁	33	八字桥	7	
胜乐园	沈氏	50	武庙街	14	1947年业主沈关庆
龙园	姜连松	61	更楼头	30	
梧桐茶社	钱厚生	50	东街	3	
永兴	徐阿四	35	东街	3	
	蒋阿大	43	丁字街	10	
	陈恭谨	40	东门外南街	10	
同春园	郭泰兴	61	东门直街	17	

商号	业主	年龄	地址	开业年限	备注
	陈荣生	48	丁字街	20	
	李少华	44	鱼行汇	14	
	施福财	42	北港	10	
东一泉楼	陆阿五	62	东门外南街	21	
	陆美英	23	星桥堍	3	
	陆阿三	32	栏杆桥	3	
	顾士明	25	云龙阁	3	
	沈金海	62	云龙阁	15	
	张婉珍	48	南门直街	16	
	袁巧珍	45	东门外南街	8	
	朱子南	33	北港星桥街	5	
	祁美英	40	北港	10	1947年为祁美珍
	徐九林	49	横街	21	
	蒋文元	61	丁字街	22	
	沈金龙	42	东门外南街	7	
金记	李金根	35	南门外吊桥	9	
	朱和生	34	南门内	9	
	朱三宝	46	邵家桥	16	
	房阿坤	47	南门外横街	13	
	钱聚和	40	丁字街	6	
	陈庆和	59	北街	14	
	陈云生	43	北港	7	
民众茶园	汤金福	33	云龙阁		1947年统计
怡和	姚绰生	56	南门直街		1947年统计
	吴瑞昌	37	西横街		1947年统计
徐元和	徐九如	34	西横街		1947年统计
	陆荣堂	52	丁字街		1947年统计
乐园	陆士连	49	东门外口		1947年统计

梧桐古镇商贸旧事

商号	业主	年龄	地址	开业年限	备注
	朱绣珍	45	东门外南街		1947年统计
	戴济道	32	武庙街		1947年统计
	陈阿生	38	北街		1947年统计
	沈之金	30	北街		1947年统计
	张金财	49	北门仓桥北		1947年统计
	徐胜林	45	鱼行汇		1947年统计
陆增源	陆增源		教化桥		1949年9月开设
陆家茶店	陆文祥		南门小桥堍		1949年8月开设
永兴	徐茂庆		北门直街		绍兴人1949年10月开设
共和春	柏成全		北港		1949年9月开设
凤凰家茶室	叶宝友、王清波		南司街		1949年10月开设

附录：茶馆书市

　　客来敬茶，这是中国人日常待客之道。而上茶馆饮茶休闲则是杭嘉湖地区人们的传统习俗。桐乡过去茶馆林立，茶客盈门。经老人们回忆，旧时梧桐镇上有茶馆30余家，分布于城厢各处，比较有影响的茶馆有：中市的聚乐园茶店，东门的星桥弄茶店，西门的三阳楼茶店，南门的姚记茶店，北门的阿二茶店。

　　这些茶店，沿街而设，摆开八仙桌，招待十六方，成了古镇一大景观。来茶店饮茶的茶客，大多为四乡的农民。他们有的是来销售自家种植的瓜果蔬菜；有的是来城里购置生产或生活用品，有的则销购兼而有之。茶店的营业时间主要在早上和下午。早晨饮茶称早茶，下午饮茶称市茶，饮早茶的大多为出市农民，饮市茶的大多

第二章　店铺商行

为镇上的商贩和手艺人，也有少数茶店晚上开市卖晚茶的。卖晚茶的茶店一般兼开书场，这些茶店，经常邀请一些评弹和三跳艺人来店演出，以扩大营业。

云龙阁附近的聚乐园茶店，经常邀请一些评弹艺人来演出，以吸引茶客，成为一种商业经营手段。武庙街的三阳楼茶室和永宁街的姚记茶店，经常邀请三跳艺人来演出。三跳是桐乡的传统民间曲艺，清末民初从湖州传入，其演唱内容大多是劝人为善的曲目，故又名"劝书"。20世纪三四十年代，三阳楼茶店经常邀请湖州三跳艺人杨鹤鸣来店演唱，吸引了不少听众。

当时，西门外车家埭村上有个青年农民叫沈文荣，常来三阳楼茶室听杨鹤鸣唱三跳。听着听着，就跟杨先生交上了朋友。杨鹤鸣见沈文荣喜爱三跳，又知他七岁丧父，十几岁即去做小长工，家庭生活困苦，即收他为徒，教他学唱三跳。沈后来就成了桐乡三跳的艺人。永宁街上姚记茶店老板姚金生，不但经常请三跳艺人到自己店里演唱，还将这些艺人介绍到其他茶店演出，慢慢地就成了一个说书中介人。

民国24年（1935）的春天，姚金生邀请湖州著名三跳艺人沈少

东门茶馆

方来茶店演出。当时，桐乡西门外谢家埭村上有个十四五岁的少年叫谢培卿，被沈少方的高超演艺所吸引，每天晚上来茶店听三跳，后来竟爱上了这种民间曲艺。民国33年（1944），谢培卿花一石六斗米的从师费，正式拜沈少方为师。沈少方在桐乡先后收过六七个徒弟，如陈金卿、沈蓉卿、潘觅卿、蒋仁卿等，俗称卿字辈。谢培卿是他在桐乡收的最后一个徒弟，人称关门徒弟。沈少方的这些徒弟，后来都成了桐乡三跳的骨干艺人，可以说，梧桐镇上的茶馆业在一定程度上推动了三跳民间艺术的发展。

第十一节　茧行　土丝行　皮毛行

明万历四十四年（1616），桐乡知县胡舜允记载桐乡蚕桑和其他作物的比较："地收桑豆，每四倍于田。"明末清初，桐乡籍农学家张履祥在《补农书》中对种粮和栽桑的效益作了比较，结论是："蚕桑利厚，……多种田不如多治地。"关于明末清初桐乡的茧价，古籍中记载不详。但从蚕茧与大米的比价中可略知一二，民谚有"斤茧斗米"之说，1斤茧可交换15斤白粳米。鸦片战争后，上海辟为商埠，洋商在上海办丝厂，用机器缫丝，对蚕茧的需求量大增，每届蚕事将毕，携银前来桐乡一带购茧者络绎不绝，茧价上涨。

民国前期，茧价总体呈上涨趋势，桐乡开设茧行即始于此。民国6年（1917），梧桐镇于松青创办恒兴茧行，行址在糜相公庙。民国12年（1923），茧价较高，茧米比价为1∶18。民国13年（1924），梧桐镇张菊生创办智昌茧行，设在炉头南市。民国14年（1925），张菊生又创办公盛茧行，设在东门外三王庙。民国20年（1931），梧桐镇程芸生创办祥泰茧行和长兴茧行，分别设在横港和长生桥。因省里对各地茧行设立有严格的审批限制，在同一区域不准多设茧行，所以梧桐镇的大户富绅都纷纷去周边一些乡镇开设。至战前，桐乡全县有茧行20余家。

九一八事变后，丝价惨落，茧价也随之暴跌，民国21年（1932）茧米比价仅为1∶6。农民养蚕亏本，茧行纷纷倒闭，茅盾小说《春蚕》中所描述的老通宝养蚕破产的遭遇，即是桐乡蚕农的真实写照。

民国26年（1937）桐乡沦陷后，蚕农损失惨重，蚕茧产量大幅减少。1942—1943年，茧米比价只有1∶3.2。实际上还到不了此数，因为采茧时只付给蚕农三分之一现款，三分之二给票据。而票据要等蚕茧缫丝后才付给，在物价飞涨的时期，这类票据无异于一张废纸。战时茧行惨遭浩劫，大多损毁或停业。朱经声在炉头开设的茧行被全部损毁，计房屋36间、茧灶14乘及其他用具，价值达44000法币。公盛茧行损毁2600法币。长兴茧行被日军焚毁无遗，损失价值10680法币。祥泰茧行损失14196法币。恒兴茧行被日伪损毁房屋6间、茧灶9乘以及半数用具，损失价值6700法币。全县茧行损毁总价值231000余法币。

抗战胜利后，丝绸市场持续低迷，桐乡茧业在十分困难的环境中求生存盼复苏。民国35年（1946）5月，战后幸存的9家茧行重

茧行同业公会登记册

建同业公会，推举朱仲麟为常务理事，张玉如、翁冠常、朱新猷、潘德鸿为理事，商柏荪为监事。

民国35年（1946）5月24日，战后第一期春茧开秤收购，公盛、元大、豫源、秀溪、裕大、新大茧行联合在《桐乡民报》刊登开业广告，特别提醒蚕农，次茧不收。省蚕丝业协会拟定的春茧收购中心价为每担不低于10万元。此价格对于蚕农而言已无利可获，且有亏本之虞。茧行因战时损失惨重，修复成本高昂而不堪重负。公盛茧行租用房屋18间，有茧灶10乘。智昌茧行租用房屋8间，有茧灶7乘。公盛和智昌都与嘉兴东南蚕丝公司签订合同代收鲜茧。茧质评定无统一标准，由司秤（秤手）目测，在掌握中心价的基础上凭经验作价。此年桐乡的鲜茧实际收购价在每担12万元—13万元。

烘茧灶以木柴为燃料，故称"柴灶"。灶内安装木架8—9层，用以放置茧格。茧格为木框藤底，鲜茧放在茧格上均匀摊开，一层一层送入木架上，关闭茧灶门，烘至半干出灶（称为"头冲"）。半干茧装入茧篮或拢堆，"还性"4—7天，待其完全凉透，使残留的水分走匀。然后再次装入茧格，送进茧灶，烘至全干（称为"二冲"）。出灶凉透后方可打包出运。

民国36年（1947），省蚕丝业协会公布的春茧价标准，按米价每市石25万元为计算基数，改良茧按4市石米价折算每市担鲜茧价为100万元，土茧按2市石5斗米价折算每市担鲜茧价为62.5万元。县合作联社向银行申请烘茧贷款，以梧桐镇为中心组织合作烘茧，协助各镇、乡合作社办理鲜茧集运，租用公盛茧站收烘蚕茧，春期收茧631担，平均扯价118.21万元。为防范匪盗，维护收茧秩序，由县警察局调派警察分驻各茧行。公盛茧行由县警察局本部和刑警队派驻警察4名，配步枪4支。派驻史家桥元大茧行警察8名，配步枪6支、轻机枪1挺。驻行警员的酬劳费由收茧商负担，伙食费由包烘商供给。同时，政府还禁止中间商贩下乡串村收购蚕茧，从中渔利，由各乡公所严密查禁。

民国37年（1948）春，桐乡县有9个茧站收购改良茧5121担、土茧1273担。夏茧和秋茧的总量不及春茧的四分之一，开秤的茧行也较少。此年物价疯涨，法币贬值，每担鲜茧收购价约2400万元，低于每担蚕茧的生产成本3000万元，农民养蚕亏本，对蚕罢①收获的期盼成了泡影。1946—1948年，桐乡春茧平均茧米比价仅为1∶4.1。

---

① 蚕罢：罢，音（bó）。意指养蚕结束。一般指春蚕，在农历小满与芒种之间。

第十二节　典当　钱庄

典当，亦称当铺或押店。据民国25年（1936）《浙江新志》记载："桐乡有钱庄2家，典当7家，无银行机构。"

清同治八年（1869），觉源当开设。清光绪二十八年（1902），泰生当开设。清宣统三年（1911），桐乡县城内首家钱庄因经营不善而倒闭，该钱庄为曹辛余于清光绪年间所创办。

总的来说，梧桐镇上的典当、钱庄，无论数量、规模远不及濮院、乌镇，抗战军兴，更是一蹶不振，至抗战胜利，梧桐镇上已无有规模的店铺。

知名商号：泰生当行

桐乡县城怡昌宝典当行信

梧桐镇楼门桥南堍东侧有一家老典当，北门栏杆桥大户曹姓有股份，约在清同治年间失火焚毁。

清光绪二十八年（1902），曹剑青、闵七贤合伙创办泰生典当，在梧桐镇北司弄设柜房，在学前河南设栈房，投资约5万元，曹、闵各半，另吸收一些客户存款。内设经理2人，由曹、闵分任，曹为主，闵为副。当内员工分内缺、中缺、学缺。内缺分钱房、饰房、包房。钱房，主管客户存款，豆、米等粮食当典，由闵负责；饰房，主管金银首饰、古玩等，由曹负责；包房，主管裘皮及其他服饰，由曹负责。站柜接当的职工，分头柜、二柜、三柜、四柜，专管货物之收当与赎取。中缺，为写票、卷包、清票、挂牌等。其余为学缺，称小郎，是学徒，做寻包等杂活。

过去典当行为安徽籍人所垄断，行业内部都按徽州帮质库习惯管理。收典开票，票账采用徽州"典业体"书写，潦草花哨，外人不易看懂。典质范围较广，除金银饰物、珠宝、古玩、皮裘、衣着、铜锡器皿等外，农副产品的豆、米、土丝和连打米用的石臼均可典质。典质期限以一年至一年半为期，外加放限一个月，利息1分—2分，按月计息，限期内任何时候都可赎取，过月五天按全月计息。饰物和裘皮衣着，到期后，如典户无力赎出，可付清利息换票赎典一期。豆米之类，到期不赎，称"满货"，就是没掉典当物，由典当处理变卖。农民在秋收后，用麻袋盛装粳米来典当，先经质检司秤，后扯小票唱报数量、典价。愿典者编号开票检签入栈，用原装堆放搁架，也有用自己带来的草囤储放的，大多囤中心放上用蕴草、米糠为酵母的草丛，到来年赎取时已成为"冬爽米"，又称"黄熟米"，不会虫蛀，而且出饭率高。用袋装的，一到春天往往蛀虫满袋，损耗较重。

处理典当到期的物品，即"满没"的物品，价格视市场需求而定。衣着、皮裘、丝绵类由衣庄行买去，叫作"印货"，每百元另加"贯利"二三成，内提一成给伙友，称"亚禄"，"贯利"不及一成的，"亚禄"递减。饰物类由嘉兴人翁少芗估价后，售于珠宝商。粮食类由粮商实斛买去，其他物品售于经营商号。泰生当职员的薪金一向微薄，除按职定俸、膳宿供给外，全赖"亚禄""盆串"二项俸外收益来弥补。

泰生当，对职工管理要求甚严，不论职位高低，均不允许带家眷入住。小郎平时在当内服务，下午4时闭门后，一律不许外出，只能在内部活动，如看小说、习字、练算盘。农历正月初三，主人与伙计举行新年团拜礼，祝贺新年。此时如有个别职员未接到团拜通知，则表示已被辞退。

泰生当，除具有墙高、门窗坚实的安全条件外，在防盗、防火、防鼠方面，订立了严格的责任制，具体落实到人，当房内筑有更楼，有专人值班守望，入夜打更监哨。楼顶置大鼓、铜锣，一遇匪患、火警，擂急鼓、打锣呼救。饰房、包房、钱房及当内要冲，均置大水缸、小木桶，入夜前由专人负责检查，并备足蓄水。另外养猫十多只，天天由伙房负责买小鱼饲养，防止衣着、皮裘、粮食遭鼠害。

泰生当鼎盛时期全年营业额曾达到20万元之巨。后因社会经济日趋凋敝，民生艰难，"满货"逐年囤积，经济周转欠灵，又兼地方摊派、捐募、公债频繁，开支浩大。至民国20年（1931），已呈外强中干之势。

抗战初期，杭州沦陷后，泰生当由曹吉甫、马祖群负责，停当放赎约半年，质件赎完后，宣告停闭。原有职工聚至上海东方饭店，发给一次性遣散费后，全部解散。至此，梧桐典当绝业。

第十三节　菜馆　茶食　粉面行

梧桐镇上的菜馆多分布在闹市区的东街、西街、鱼行汇，南门内外也有菜馆分布。经营较早的菜馆有钟茂昌、倪兰记、森义馆，业主多为本地人，也有少数是江西、绍兴、海宁人来经营的，业主通常亲自掌勺，菜色分为本帮菜和客帮菜。杏林馆的羊肉面为梧桐镇一大特色面食。

民国34年（1945）11月，县商会成立菜馆业同业公会，会员9人，会长倪兰奎。

茶食，亦称茶点，主要是以米粉为原料制作的糕点。梧桐镇上的茶食店主要分布在东街、南门，以义大成、稻香村开设最久，规模最大。民国36年（1947）的《桐乡民报》刊载有两则茶食号广告："稻香村：馈赠亲友，经济实惠，京苏细点、应时茶食、罐头食品、欧美糖果。地址小鱼行汇""义大成茶食号：价廉物美，欢迎比较，玫瑰糖酥、美味蛋糕、提糖桃片、嘉湖细

菜馆业同业公会登记册

点。地址鱼行汇东首"。民国34年（1945）12月，县商会成立茶食业同业公会，会员8人，会长陈永全。

较为知名的糕点店有丁字街的蒋记糕团店，店主蒋茂生。店内售软糕、包子、粢米饭，还有一种特色食品称为鹅头颈，亦称松花糕。

粉面行，主要经营面粉、面条的店铺。梧桐镇的粉面商店主要分布在东门、鱼行汇、南门一带，以魏永盛、闻德顺开业最久。民国34年（1945）11月，县商会成立粉面同业公会，会员9人，会长钟浚熙。民国36年（1947）的《桐乡民报》刊载有粉面行一则广告："大顺面粉厂：出品精益求精，售价始终低廉，厂设桐乡小东门外。"

民国36年（1947）梧桐镇面饭同业公会名册

商号	业主	年龄	籍贯	店员	地址
黄永兴	黄福连	56	桐乡	吴子林	东大街
仁记	陈士宝	51	桐乡	陈阿男（妻）	东大街
沈德兴	沈叙州	70	海宁	范福林	东大街
杏林馆	李进和	61	江西	李进云	中大街
郁永记	郁永顺	55	海宁	姜秀宝（妻）	中大街
东民新	徐锦庆	42	桐乡	曹金洪（妻）	中大街
西民新	陈少英	32	桐乡	陆应祥、傅荣	西大街
来淦记	来淦元	47	绍兴	来马宝（妻）	西大街
周永记	周永永	58	桐乡	周张妹（妻）	西大街

民国38年（1949）梧桐镇菜馆统计表

商号	业主	年龄	地址	从业年限	备注
钟茂昌	钟毓英	47	鱼行汇	20	
倪兰记	倪兰奎	50	鱼行汇	24	
森义馆	刘灿星	48	东街	20	

商号	业主	年龄	地址	从业年限	备注
石永兴	石锦文	29	南门直街	8	
经济饭店	曹国祥	49	南门直街	14	
陆长盛	陆长盛	45	横街	15	
胡合顺兴记	胡鹤兴	31	星桥弄	11	
吴永茂	吴庆福	46	南门直街	12	
陆顺馆	陆长荣	40	武庙街	10	
洽兴羊肉面店	暨振华				1949年8月开设
协记面店	陈锡坤		南门直街		1949年8月开设
春记羊肉面店	范嘉林		南门直街3号		1949年9月开设

民国38年（1949）梧桐镇茶食业统计表

商号	业主	年龄	地址	从业年限	备注
义大成	夏学澄	34	鱼行汇	24	
稻香村	陈永全	39	小鱼行汇	22	
李恒昌	李连生	40	东街	14	
信盛	曹俞文秀	36	东门外南街	12	
天香斋	邱炳洪	27	东街	5	
万顺永	万永林	45	丁字街	17	
万顺	万一松	36	南门直街	15	
野荸荠	高有成	56	东街	15	1945年业主陈宪章
朱源丰	朱庆祥	57	丁字街	16	
朱财记	朱财金	28	南门直街	15	

注：1941年6月夏家浜开设有朱才记号，业主朱才生。

民国38年（1949）梧桐镇粉面行统计表

商号	业主	年龄	地址	从业年限	备注
钟茂昌	钟菊生	29	东街	7	
魏永盛	魏松林	51	南门直街	30	
闻德顺	闻锡菊	58	东街	22	
沈泰顺	沈伯明	37	南门直街	10	
周云记	周云南	37	丁字街	9	1945年业主钱伯清
魏永泰	魏长根	50	东门内	10	
荣记	沈士荣	31	东门外南街	8	
钟涌盛	钟浚熙	31	东门外南街	6	
陈源泰	陈云桥	37	星桥弄	9	
陈兆记	陈锦文	49	鱼行汇	7	
永大面粉店	钟浚镛		鱼行汇2号		1949年8月开设
金国治			鱼行汇		绍兴人1949年9月开设
	陈锦文		鱼行汇		1945年登记

知名商铺：钟茂昌菜馆

民国时期，桐乡县城里有一家有名的菜馆——钟茂昌，俗称钟家馆，坐落在鱼行汇，义大成糕饼店的东隔壁，两楼两底后面加一个披，当时也算是一爿规模较大的菜馆了。

钟家馆的老板名叫钟松元，为人精细，会做生意，又烧得一手好菜，除了粉蒸肉在梧桐镇上名气很大外，还有当家招牌菜如红烧羊肉、白切羊肉、白斩鸡、爆鳝丝等，结婚、满月、周岁和比较体面的宴请，都要到钟家馆摆上几桌酒席。所以，钟家馆每天人来人往，应接不暇，生意红红火火。

民国27年（1938）初，钟松元积劳成疾，一病不起，40多岁撒手人寰。钟松元的妻子陈育英和儿子钟菊生接手钟家馆，把菜馆打理得井井有条，并聘请亲戚，人称"小娘舅"的陈翰桥为当家厨师掌勺，另有三个伙计相帮。

红烧羊肉和酥羊大面作为钟家馆当家菜和主食。要烧好羊肉，选用食材很有讲究，一定要用上等的当年湖羊，俗称花窠羊，按一定的比例加入水和黄酒，并添加老姜、红枣、萝卜、甘蔗梢、红酱油、冰糖、精盐等佐料，晚上起火，猛火烧滚，文火炖焖，四五个钟头后，也就是要焖到后半夜。烧煮好的羊肉色泽红润，油而不腻，酥而不烂，喷香可口，成了入冬以后人们最喜欢的滋补佳品。每天下午，把杀好的整只羊挂在钟家馆廊柱上，以作广告，招揽客人，到傍晚，陈翰桥将羊切块，一刀过门，块块分量一样，半斤左右。切羊肉的窍门，是把羊肉切成二寸半见方，不能切得太大，否则咸味难以沁入羊肉，其味道就大打折扣。切得太小，一烧就酥，没有嚼头。先用大火烧到头滚，撇尽浮沫，这是去除腥味的关键，然后压上一只大盆子文火炖焖，将剩余的腥味随缸沿翻滚的气泡散除殆尽。一般要焖过夜，当用筷子能扦透羊肉时，应及时用旺火收汁。

食客到钟家馆吃羊肉面，都要起早，说是赶早市"头汤"，因为刚开始煮面时的汤锅水清澈，等到晚市，下锅煮的面条多了，汤水就浑了，煮出来的面条就糊了。一般吃羊肉面的，要喝上一开烧酒。一个撒上蒜叶末的羊肉浇头，配上一碗手工刀切面、一碟桐乡辣酱、一开烧酒。每天天没亮，钟家馆里热热闹闹。

手工刀切面是用上等的面粉，加入温水，反复揉搓，待面团韧性十足时，将一根木扛子拴住一头，人坐在另一头来回移动，将案板上的面团擀成薄片，然后用擀面杖，滚擀几次，撒上干面粉，将它叠成若干层，快速切面，其面均匀剔透，细如银丝，洁白光亮，落锅不糊，滑润爽口，韧性十足有嚼头。因此，钟家馆的酥羊大面誉满全城，深受人们的喜爱。

钟家馆的白切羊肉也有名气，也是用花窠羊，切块后先用清水焯一遍，捞出羊肉，倒掉油汤水，另用清水烧煮，把一定比例的丁香、八角、桂皮、花椒、小茴香、陈皮等用纱布包好，和羊肉一起入锅，烧开后加入绍酒、食盐、白糖、老姜，烧熟后起锅，拆去羊骨，按羊肉肥瘦比例叠在纱布上包好，用木板压平羊肉，冷却后就可以切块出售了。

除了羊肉，钟家馆还有一道招牌菜，就是白斩鸡。选用肥壮新鸡，雌雄都可以，但雄鸡一定要阉割过的。白斩鸡烧煮简单，只要用清水烧煮就可以了，其间加入姜片、香葱、黄酒，煮到一定时候，拎起白鸡，就可以出售了，佐以鲜酱油就可以食用。但火候一定要掌握得当，煮的时间短了，斩开白鸡会有血水淌出，煮的时间长了，鸡肉太酥，鲜味不足。

钟家馆的粉蒸肉也非常有名，原料是膘中夹精的带皮五花肉，每块二两左右，先用上等鲜酱油，放入黄酒、白糖、味精等调料，把猪肉浸渍一小时，取出晾干。用的米粉是糯米粉，粗细适中，太粗显得粗糙，太细则粘筷，也就是俗话说的"起粒头"，然后将浸渍过的猪肉在米粉中滚动，使米粉均匀地裹在肉块上，直到看不到肉为止，再用洗干净的隔年荷叶包裹，装入小竹笼，一份一蒸，小笼内先垫上青荷叶，七八个小竹笼叠加置于蒸锅上，旺火烧开后，用文火蒸煮一个半小时，其间蒸笼还需上下搬动几次，以便均匀着热，一同蒸透。

第十四节　卷烟　烟叶　刨烟行

据1996年版《桐乡县志》记载，桐乡一带种植晒红烟有400余年历史，它是传统出口商品，外销埃及、马里、几内亚、德国、菲律宾、比利时、科威特等国家；内销上海、广东、江苏、辽宁等省市。民国时期，崇德、桐乡两县烟叶收购商行有94家。

民国3年（1914），黄瀛仙借西仓桥堍的土地庙创办桐乡传习所，招收当地贫民习艺，聘请一嵇姓的上海师傅传授手工制作雪茄烟技术，生产老头牌雪茄烟和宝塔牌、仙鹤牌手工卷烟。其时，学做雪茄烟的工人有二三十名。至民国9年（1920），因英美烟草公司产品倾销市场，销量锐减而停产。民国13年（1924）5月，张万隆烟行老板张永长在县前街养育堂创办大华雪茄烟厂，有工人20余

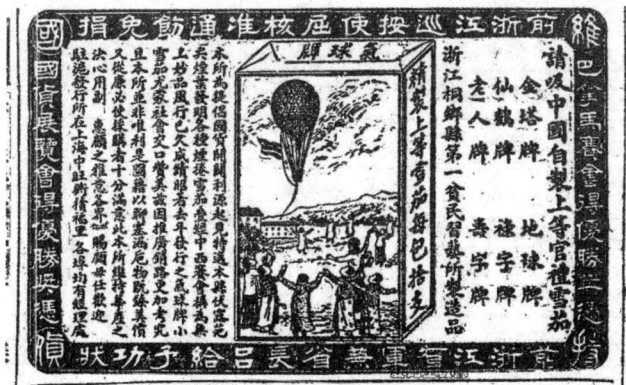

《申报》刊登的桐乡卷烟广告

名，日产雪茄烟1000余支。4年后，因税务负担太重而关闭。

　　梧桐镇上的卷烟店主要分布在鱼行汇、东门外一带，以徐万顺、郑泰和开设时间最久。民国34年（1945）12月，县商会成立卷烟业同业公会，会员12人，郑锡祺任会长。郑泰和卷烟店还与嘉兴人和烟号合作，设立分号。郑泰和多次在《桐乡民报》刊登广告，如："桐乡郑泰和锡记经售：烟丝高尚，到处风行，请吸红金牌香烟""桐乡郑泰和锡记经售：烟味芬芳，烟丝黄嫩，烟中铁军，到处风行。福兴公司出品：红金香烟、金字塔香烟"。

民国38年（1949）梧桐镇卷烟业统计表

商号	业主	年龄	地址	开业年限	备注
郑泰和	郑锡祺	45	东门直街	20	
	吴葆清	39	鱼行汇	10	
	吴松龄	45	鱼行汇	20	
桂记	沈桂荣	36	鱼行汇	10	
徐万顺	于化同	51	鱼行汇	30	
章福记	章福海	32	东街	10	
	蒋吉夫	28	东街	10	
仁大洪	程祖荣	27	南直街小桥	10	
	万一松	34	南直街	10	
	吴永昌	34	丁字街	10	
	沈子卿	38	丁字街	10	
合兴协	赵蓉春	46	北港	2	
凯新	朱坤燦	50	云龙阁	5	
秦源源	秦宏分	43	施桥	12	
瑞和	卢承农	22	东门外南街	4	
吴盛昶	吴家禄	24	东门外南街	6	

民国38年（1949）梧桐镇刨烟店统计表

商号	业主	年龄	地址	开业年限	备注
洽昌	张宝生	42	星桥弄	15	1945年设立
	杨鹤堂	38	丁字街	10	

民国38年（1949）梧桐镇烟叶行统计表

商号	业主	年龄	地址	开业年限	备注
东信昌	沈剑华	52	东门外北港	30	
东信昌德记	朱经树	47	东门外北港	17	
公兴	陈明生	63	南门外丁字街	20	
洽昌	朱廷辅	35	南门邵家桥	15	
裕昌	张桂堂	40	南门北字桥	10	
正和	沈子卿	44	南门丁字街	7	
正盛昌	李用舟	51	东门外北港	20	
东信昌声记	朱经声	52	东门外北港	15	
堃茂晋	丁奎生	36	东门外北港	8	
福昌	金子堂	34	东门景树前	8	
隆昌	程渭伯	54	南门高廊下	30	
信昌胜记	朱英甫	35	东门外北港	10	
协义昌	钟仁寿	43	东门外北港	14	
万成福	王巧成	49	南门邵家桥	13	
源记	王徽祥	41	南门外横街	11	
茂丰	朱镇宣	53	北门栏杆桥	24	
宏昌协	蒋振华	37	南门邵家桥	5	
嘉泰	李林嘉	36	东门婴堂桥	6	
协泰	沈文松	49	南城门口	12	
生记	缪文生	43	北门栏杆桥	10	
董承记	董承勋	53	东门星桥弄	28	
董堃茂	董陆臣	56	东门北港	30	
鸿昌瑞	谢瑞林	48	东门北港	18	

第十五节　杂粮米业

　　杂粮米业，即粮栈、米店。梧桐镇上的杂粮米店大多分布在南门、东门、鱼行汇附近，南门外的聚兴与东门外的沈元泰，开设时间较长。据老年人回忆，曾有郑姓所设米行，将分号开至上海南市、闸北、虹口，后裔也随之迁居上海。

　　民国34年（1945）11月，县商会成立杂粮米业同业公会，会员43人，李桂堂任会长。民国35年（1946），登记在册的杂粮米行有93家。

民国38年（1949）梧桐镇杂粮米业统计表

商号	业主	年龄	地址	开业年限	备注
李春记	李春晖	41	东门外南街	1	
施聚盛	施文安	53	东门外星桥街	6	
同合	俞成松	24	北港	3	
东信昌声记	朱经声	52	北港	15	
揆记	程树揆	27	北港	4	
大顺公	李毓彬	55	小东门外	2	
智昌仁	冯鑫荣	25	更楼头	4	
茂盛牲	沈连生	44	东门外南街	3	
元吉	程仰泉	56	东吊桥堍	6	
永大	钟浚镛	27	鱼行汇	6	

商号	业主	年龄	地址	开业年限	备注
鑫记	戴士鑫	33	鱼行汇	1	
源丰南号	朱敏贤	25	鱼行汇	1	
朱源丰铭号	朱德铭	50	北门直街	1	
曹鼎茂	曹子贤	51	北门直街	1	
永茂	沈孝和	23	武庙街	1	
翔记	万翔生	24	南门直街	1	
怡泰	张顺生	21	南门外横街	1	
万隆连记	张永连	57	南门外横街	14	
	陈世荣	26	南门外横街	5	
徐久昌	徐久林	46	南门外横街	20	
徐元泰	徐金林	43	南门外横街	20	
聚兴	毛承贤	51	南门丁字街	30	
	钱久林	26	南直街	5	
茂丰	王金祥	46	南直街	20	
	邓国方	36	南直街	10	
沈恒丰	沈士豪	20	南直街	2	
福昌	唐乃栋	39	鱼行汇	10	
	许宝林	39	鱼行汇	10	
	田松青	31	鱼行汇	10	
金鼎源	金志平	20	鱼行汇	2	
礼记	阮荣堂	30	东门外南街	5	
沈元泰	沈善基	60	东门外南街	40	
	朱祝林	61	东门外南街	40	
张奎记	张载奎	28	东门外南街	8	
冯泰隆	冯金生	48	东门外南街	20	
	周景仪	31	东门外南街	10	
董隆泰克记	董子春	22	东门外南街	2	
	吴荣甫	51	东门外南街	30	

第二章 店铺商行

商号	业主	年龄	地址	开业年限	备注
	朱连卿	22	东门外南街	2	
朱兴泰	朱桂堂	34	星桥街	10	
沈新泰	沈启荣	38	星桥街	15	
	毛源元	28	星桥街	8	
	董陛臣	59	星桥街	30	
徐丰泰	徐炳全	48	星桥街	20	
	胡鹤兴	32	星桥街	10	
朱益泰	朱益堂	40	东吊桥	20	
章记	莫嗣章	22	云龙阁	2	
	王德元	40	云龙阁	20	
	曹士新	30	横街	10	
	葛俊荣	22	东门外南街	2	
程新泰	程雪堂	39	南门外横街	2	
茂昌	陈世雄	30	南门外八字桥	4	
恒兴公	王永祥	39	南门外八字桥	12	
蒋源泰	蒋振华	32	南门外邵家桥	2	
沈福泰	沈福生	62	东门外南街	13	

梧桐古镇商贸旧事

第十六节　理发　照相业　敲更

理发店，俗称剃头店。梧桐镇上的理发店多开设于南门、东门附近，其中以秋记、云记、胡巧记、荣记开设时间较长，除了这些有店面的理发店外，还有常年挑担在村坊间流动的剃头匠。

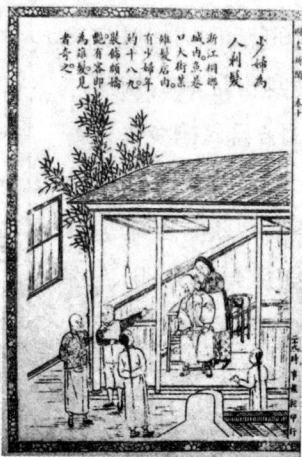

1909年《图画新闻》刊登桐乡城内理发店少妇为人剃发的新闻

民国36年（1947）《桐乡民报》刊载有理发店广告一则："金记理发店：仕女们的好消息，新年将到，特别贡献，无线电烫发，技师手段高明，一定使君满意。地址鱼行汇。"

民国35年（1946）12月，由王鑫宝、陈元芳、凌炳荣等7人发起成立理发业同业公会，会员11人，王鑫宝任常务理事。民国36

年（1947）《桐乡民报》刊载有"桐乡县理发业同业公会启事"一则，文载："查本业同业公会，自沦陷以来，无形消散，现由各会员于本月初十正式恢复，重订行规。现年关将近，本业向有规则，在农历十二月二十四日起，一律停止挖耳，至新年初五日止，恐外界不明，特此登报说明。桐乡县理发业启。"

梧桐镇上的照相馆始于何年已无从考证。月光照相馆开设于民国28年（1939）。民国37年（1948）8月，嘉兴人江明述开设大同照相馆，注册资本1000万元。

照相馆在民国期间除了平时为民众摄影外，还负责国民身份证照的拍摄。民国36年（1947）6月6日《桐乡民报》刊载"国民身份证将制发，本县人民均须领用"的通告，文载："兹闻县府遵照省令规定，已与本县月光、光明、生生、雅龄轩、杭州大陆、嘉兴大同等六照相馆洽定标准价格，以每份三张，计二千五百元，并已公告居民，自行前往拍摄，限本月二十日前，将上项照片，缴由该管乡镇公所，分别存转，以凭填发身份证，又各照相馆为便利人民拍摄起见，闻将商由乡镇公所排定日期，函约集中拍摄云。"

6月28日《桐乡民报》刊载"六照相室联请增加国民身份证照相费"一文："惟关于照片问题，前曾由县府与本县月光、光明、生生、雅龄轩及杭州大陆、嘉兴大同等六照相室洽定标准价格，每

月光日夜照相馆

團體照 结婚照

文件照 證記照

專拍

各種行冲洗照相

並請比較 歡迎參觀 兼

月光照相馆广告

份（三张）计一千五百元，并公告居民，自行前往拍摄，详情曾志本报。兹悉上述照相室，以照相材料价格随物价飞涨，业已与洽定时高出一部有余，为维持原来成本，不受无故赔累计，特联名呈请县府请照原价（二千五百元）增加六成（即一寸三张价四千元）以维成本云。"

梧桐镇上的几家照相馆也曾在《桐乡民报》刊登广告，如"心心艺术照相馆：庆祝胜利纪念，大减价三折，每天十号，不再多拍，要照从速，切勿放弃，出门六折，九月三日起。地址北门武庙街""月光照相馆：六周年纪念大减价二十四天，特别牺牲，照码五折，出门八折，六载以来，始终如一，科学洗晒，远近驰名，优待顾客，不计成本"。

民国38年（1949）梧桐镇理发店统计表

商号	业主	年龄	地址	开业年限	备注
秋记	朱秋田	40	东门直街	20	
金记	王鑫宝	32	鱼行汇	15	
炳记	赵炳章	33	武庙前	10	
云记	吴仙云	38	东街	20	
荣记	魏秋根	40	东街	20	丹阳人
凌时	林炳荣	29	云龙阁	10	
发记	赵生生	36	丁字街	13	
胡巧记	胡巧官	40	东门外南街	20	
	陆宝祥	33	东门外南街	10	
元记	陈阿大	30	北港	8	1947年登记名：陈元芳
兴记	陈阿德	47	东门外南街	22	
时新	沈德生	17	东街	3	

民国38年（1949）梧桐镇照相馆统计表

商号	业主	年龄	地址	开业年限	备注
大同照相馆	江明述		东街	1	
月光照相馆	尹锡堂	39	东街	10	

附录：敲更

抗战前，梧桐镇东门城墙脚下有一间芦扉茅草屋，里面住着一对兄弟，哥哥叫阿二，是个盲人，弟弟叫阿四，以敲更为生，弟兄俩都未成家。

据有关资料记载，明末清初时，桐乡城内就有敲更报时的专职人员。自民国元年（1912）开始，桐乡城内每到太阳下山便紧闭城门，晚上开始敲更，每一个时辰敲更一次，从大年初一到大年三十，从不间断。阿四就是民国年间的敲更人，天长日久，居民遇见他，都习惯叫他为"敲更阿四"。

敲更这一职业虽然不起眼，但对于当时社会来说，是非常重要的。老百姓需要，商行店铺更需要，因为除了听更音知道时间之外，还有协助地方治安的功能，一旦听不到敲更报时之声，便一定是发生了什么意外，老板便会叫伙计或者自己开门出来打听。

敲更作为一种职业，就要发薪水，这份薪水，由商界出。每月月末，商户都会按规定交给商会一些费用，其中就有支付敲更人的薪水。商会便按月付给敲更阿四工钱，到年终还会发一些奖励。

阿四敲更终年不停，一旦自己身体不适，便会找一个名叫月男的朋友代班。

民国24年（1935）冬天，吴宝大茶馆发生火灾，"火烧害邻舍"，周围店家都遭受了不同程度的损失。灾后，时任桐乡商会会长的李咏豪召集商行店铺的老板，要大家想个办法防火、救火。于是有人提议请一个专门的"防火更夫"，扩大巡防范围，进行敲更喊唱式的警示。有人说反正有阿四在敲更，就请他兼任，阿四觉得又要敲更，又要喊唱，还要扩大巡更范围，体力吃不消，便介绍月男做了"防火更夫"。

月男也是光棍一个人，没有稳定职业，当了"防火更夫"，也算是有了职业，便一口答允。于是在1945年抗战胜利以后，从冬至开始，每天大约在7点钟过后，大街小巷就会响起月男的喊唱声：

寒天腊月，火烛小心。前门关关，后门支支。灶口扫清，水缸挑满。蜡烛吹隐，油灯当心。大人勿要托小人，大人自家要当心！

一边敲，一边喊，从更楼头敲到鱼行汇，往北敲到北门直街，上南喊到永宁街城门口。大人们一听到敲更的喊声，都不约而同地在自家柴灶口再查看一遍。在那个年代对防火起到了很大的作用。

"防火更夫"月男喊唱的时间不长，一般都在冬至之后，到过年就结束了，因为这个季节天气干燥，容易发生火灾。到大年三十的下午，月男便会到商会领取一份薪水，也会挨家挨户地收一些辛苦钱，一般是每户居民家庭给一角两角，店家有给一元的，大一点的商家更加大方一些。许多商家、居民一边给钱，一边还会说一些"辛苦了""谢谢"之类的好话。

解放前夕，大约在1948年冬季，突然听不到敲更和喊"防火"的声音了，人们一打听，才知道"敲更阿四"和月男双双生病死了。那时他们不过50岁出头一点。好长一段时间，每到冬至边，人们还会提起他们。

第十七节　纸张文具　香作　烛业　煤油
冥洋作

纸业，主要销售经营账册、纸张等。旧时的账册均是用宣纸裁切、装订制成的，各行各业需求量较大，此外还有各商号、机构所定制的信笺、信封等等。纸店的商号往往也印在上面，如朱祥丰制、朱泰丰制。梧桐镇的纸店多分布在东街，以朱祥丰开设最久，朱祥丰、朱泰丰、朱恒丰为朱氏同族兄弟所开设。

文具店，除了经营纸张外，还经营各类文具，如中西信封、笔墨砚池、各色泥蜡纸原纸、国旗、油墨汁、美术文教用品等。梧桐镇上的文宜斋、知足商店均开设于东街，经营时间虽不长，但需求量大，生意兴隆。

冥洋作坊敲打锡箔

烛业，旧时又称浇造业。主要经营本地土烛，蜡烛供居民照明，也用于烧香拜佛或婚丧大事。这些店铺往往是前店后坊。香作，则主要利用香粉制作燃香。这两行因制作原料均为易燃品，因此极易发生火灾。

煤油店，过去家家户户

均备有煤油灯，煤油需求量大，煤油店除出售美孚、亚细亚等牌子的煤油外，还兼售煤油照明用具草帽灯、罩子灯等。

冥洋作，又称为土纸作，冥洋就是封建迷信活动所用的锡箔纸，作坊工人用木槌将锡箔与土纸敲打黏合，再进行裁切、装订。这类作坊与神模、纸扎店均为出售迷信用品的店铺，1949年后便淘汰。

民国38年（1949）梧桐镇纸业统计表

商号	业主	年龄	地址	开业年限	备注
朱祥丰	朱甫卿	50	东街	30	
朱泰丰	朱范卿	39	鱼行汇	10	
朱恒丰	朱稚卿	46	云龙阁	8	
徐宝泰	徐保卿	50	东街	10	
方蛙昌	彭星华	33	东街	10	

民国38年（1949）梧桐镇文具店统计表

商号	业主	年龄	地址	开业年限	备注
文宜斋	朱荣基	35	东街	8	

注：1945年东街还开设有知足商店，业主孙汝祥。

民国38年（1949）梧桐镇香作统计表

商号	业主	年龄	地址	开业年限	备注
沈永昌大房	沈炳章	36	东门直街	20	
沈永昌	沈炳生	28	东门直街	10	

民国38年（1949）梧桐镇烛业统计表

商号	业主	年龄	地址	开业年限	备注
	朱寿生	48	东街	12	
张万昇	张春源	53	南门直街	25	

商号	业主	年龄	地址	开业年限	备注
	陆荣怀	46	东街	8	
	徐润庠	25	星桥弄	4	
杨聚源	杨桂明	26	东街	6	
昇源	朱掌章	23	东街	3	
张裕隆	张金潮	27	东门口	2	
吴盛昶	吴家禄	25	东门外南街	2	
源大			横街	5	

民国38年（1949）梧桐镇煤油号统计表

商号	业主	年龄	地址	开业年限	备注
	毛百揆	52	栏杆桥堍	25	

民国38年（1949）梧桐镇冥洋作统计表

商号	业主	年龄	地址	开业年限	备注
同源昌	许宝林		东门直街		

梧桐古镇商贸旧事

第十八节　铁器　铜锡号　首饰业　鞋店
钟表店

铁器店主要制作出售各类铁制农具，如铁耙、锄头、铲子、镰刀等等，也有小型的如铁钉、攀钉等等。梧桐镇上的铁器店以李天盛开设时间最早，业主李高发，店内的炉火常年不灭。

铜锡店，主要出售各类铜制的生活用品，如水壶、茶壶、水勺，木箱、木柜上的铜制铰链、拉环等等，旧时嫁妆中有铜茶壶、汤婆子、铜香炉等。这类店铺除出售外，还对铜器进行维修。

首饰店，主要经营各类金银首饰，梧桐镇上开业较早的金宝成、石信成首饰店，均聘有萧山、绍兴籍工匠，其制作的各类首饰誉满全城。

鞋店，主要出售传统布鞋、棉鞋。民国时期洋广货业兴起后，国产橡胶鞋因物美价廉逐渐被居民接受，民国36年（1947）《桐乡民报》刊载有郑泰和锡记号的鞋类广告，文载："经售上海民生橡胶厂出品：三钟老牌、套鞋套靴、球鞋跑鞋、各式童鞋。地址桐乡东门内直街。"

华盛钟表店设于东大街21号，其在报纸上刊登广告："各式专修，钟表唱机、经久耐用、时间准确。"

民国38年（1949）梧桐镇铁器号统计表

商号	业主	年龄	地址	开业年限	备注
李天盛	李高发	52	东门直街	30	又名李义方
陶泰兴	陶二宝	42	东门直街	20	
陈聚兴	陈焕章	45	丁字街	20	又名陈阿毛
张顺兴	张发荣	40	南门直街	15	
王万顺	王阿魁	30	施桥堍	10	
徐德顺	徐金荣	30	南门吊桥	15	

注：王万顺号后更名为朱万顺号，业主朱阿六。

民国38年（1949）梧桐镇铜锡号统计表

商号	业主	年龄	地址	开业年限	备注
张顺兴	张国光	36	东街	10	

民国38年（1949）梧桐镇首饰业统计表

商号	业主	年龄	地址	开业年限	备注
金宝成	金国治	44	鱼行汇	20	
石信成	石祖棠	45	东门直街	30	
陈祥泰	陈嘉水	40	施桥南堍	15	
宝成荣	高子文	56	东门直街	12	

民国38年（1949）梧桐镇鞋店统计表

商号	业主	年龄	地址	开业年限	备注
	马长贵	40	东门外南街	10	

第十九节　中西医　药房

　　旧时梧桐镇上行医者多为中医，较为知名的执业中医有沈瀛洲、夏莘夫、毛覃敷、黄璞斋等人。

　　民国24年（1935）《嘉区汇览》中"桐乡县国医一览"记载："朱鑑初，儿科，桐乡城内东街；毛覃敷，内科，城内夏家浜；朱穉卿，外科，东大街；沈伯安，外科，城内万年桥牌楼街；孙秉汉，外科，平桥街；张子芳，内科，平桥东；金仰峰，儿科，东大街"，"桐乡西医一览"载："蒋国光，国光诊所，桐乡县政府对门；李冠民，冠民诊所，桐乡城内。"

　　民国36年（1947）《桐乡民报》上刊有内科中医广告，文载："毛覃敷医师，诊所东大街；黄璞斋医师，诊所北街；沈韵初医师，诊所桐乡鱼行汇"。中医外科广告载："沈伯安医师，诊所县前街；殳振坤医师，疗创伤外科，诊所鱼行汇"。

　　沈瀛洲（1852—1939），家住北街，为清末民初梧桐镇上唯一伤科名家。据说其先祖在清乾隆年间习武于天台山，自幼精通拳术，世传伤科跌打医术。沈瀛洲曾考取武举人，任积谷仓仓丞。其人武艺高超，又熟练气功推拿，治疗病人时有奇效，虽未挂牌行医，但门庭若市。

　　夏莘夫（1886—1938），原名连镳，南日乡踏断浜人，清末秀才。师从大麻金子久，三年中随师出诊，被金子久赞誉为"此子可裁美锦也"。民国4年（1915），他到桐乡县城金家帮岸大宅内的金家花园开设诊所，因诊室筑于岸边水榭内，形如船状，又称"船室"，当地人俗称"夏家诊室"。一时间门庭若市，声名远扬。民国8年（1919），夏莘夫迁居石门镇南高桥西堍，因医术高明，杭嘉湖一带均有人慕名而来。徒弟有子夏可孟（中途废学）、侄夏兆春、女夏频如、梧桐黄璞斋、羔羊薄桂芳、石门冯柏昌、永秀袁建芬、嘉善高德甫。民国23年（1934），迁居上海北京路宋家弄行医，与乌镇张艺城齐名沪上。

毛覃敷（1897—1977），名浩，又名谈虎。父毛甫田，为梧桐镇宏源衣庄职员，家境贫寒。民国3年（1914）8月，毛覃敷师从金子久学医，学习认真，恪守师训。五年学成，回到梧桐镇老宅。民国8年（1919）在夏家浜老宅开业行医，悬"大麻金子久授毛覃敷大小方脉"牌。行医期间，对病人从不计较酬金薄厚。抗战期间更拒日伪威逼利诱，深居简出，更名"谈虎"，寓意"谈虎色变，以资警惕，以表憎恨"。除医术精湛外，还爱写诗词，随金子久学医时便学习诗词，据其回忆，自1916年至1921年已有近百首诗词稿，诗作痛感百姓之苦，国家兴衰存亡，如《拉夫》诗云："国无干净土，何处可避秦"；《秋日夜坐书怀》诗云："活

毛覃敷

人原有回春术，医国惭无治世篇"；卢沟桥事变后写有诗篇："金瓯残缺嗣天险，壮士情怀似海波。投笔从戎心未死，闻鸡起舞剑来磨。"

黄璞斋（1911—1983），民国14年（1925）师从夏莘夫，4年后学成开业，在石门镇、梧桐镇及上海等地行医，善内科，重视脾胃

学说，善治外感温热病。

梧桐镇西医出现较晚，民国 19 年（1930），李冠民开设第一家西医私人诊所。此外还有丁崇文诊所，民国《桐乡民报》刊载其广告："医师丁崇文，内外科、皮肤科、小儿科、妇科，诊所：县南门小财神湾内四号，门诊上午八时后，下午三时后。"

黄璞斋

丁崇文（1913—1951），号礼臻，浙江鄞县人，曾于上海筠寿医院实习 5 年。民国 28 年（1939）11 月，军政部军医训练班 2 期结业，民国 36 年（1947）起任桐乡县卫生院院长，曾协助解放军和平解放桐乡。

民国 34 年（1945）6 月，梧桐镇县前街开设国光医院，负责人为蒋国光（又名蒋越，号善煦），曾是县政府聘请的医

丁崇文门诊室

师顾问。其医院宣传单上曾载："内外各科一切疑难杂症，上午在东门外南街 606 号衣昌米号应诊，余时仍在城内原址。"

《桐乡县政府发给医事人员临时开业执照调查表》载有 1946—1948 年私人开业中医，共 74 人：黄广、高宋儒、余辛木、金桂芳、沈凯臣、沈步云、沈润田、朱少云、钟泽民、沈虎城、陈振根、沈镛孚、徐寄梅、凌柏英、沈利生、曹建民、曹顺江、陈馨如、陈秀瀛、沈仲棠、朱义农、陈启新、俞福田、周登鳌、李冠雄、顾家坤、赵贯之、施乐飞、高明达、沈仲夫、陆建初、毛覃敷、殳振坤、沈伯安、金振扬、朱释卿、施晋珊、沈韵初、陆殿元、沈益

孚、吴元庆、朱鑑初、张桐夫、杨正庵、范静安、张达夫、张朱华、陈介耿、钱体仁、沈桑林、汤保祥、钱镈初、潘华德、朱广远、殳书铭、沈子卿、卞汝章、陈雨棠、张东卿、吕树本、姚德生、钱久麟、金志远、缪金明、励维新、曹廷振、陈瑞章、何颂康、徐维声、姚经如、邱甫祥、张菊坤、周松夫、周孟金。

据回忆，桐乡县城还有黄璞斋、管芷香、沈远孚、陈秀云、杨海珊、张振明、潘乐明、沈存济、陆智艺、陈文彬、陈指卿等从医者。

民国35年（1946）4月，在城内西街成立桐乡县医师公会，选举蒋国光为理事长。同年5月桐乡县中医师公会成立，选举钟泽民等5人为理事，推举赵贯之为理事长。桐乡县医师公会会员名册载有："程传恺（即志和）、蒋越（即蒋国光）、丁崇文、杨寅初、毛覃敷、施晋珊、黄璞斋、沈伯安、沈松潮、沈月章、陈雨堂、金振扬、殳振坤、沈韵初、陆殿元、朱士正、朱稺卿、张乐卿、吴元庆、姚德生、张庭桢、沈廷荣、陆松泉、蒋善辰、缪金明、陆仲英、卞汝章、王松年、冯炽候、王壬、周颂华、冯勋涛、程传元、许士奎、金康时、王石麟、凌贯六、谢养弦（屠甸名中医）、柏心

1935年《嘉区汇览》刊登的桐乡西医诊所广告

桐乡古镇商贸旧事

兰、沈时章、赵维钧、陈文卿、黄海潮、蒋振嘉、潘君雄、于梦觉、孙秉汉、张乃宣、章世杭。"

民国35年（1946）《桐乡年鉴》记载，当时的桐乡县医院诊所有国光医院、丁崇文诊所、生生医院。

民国37年（1948）8月6日，桐乡救济院临时施医，由毛罩敷、黄璞斋、施晋珊、程敦生、金振扬、沈韵初、沈月章、陆殿元等医师轮值。

民国35年（1946）《桐乡年鉴》中西医师暨药房铺数统计表

医师	总数100名	药铺行	总数19家
中医师	84	西药房	3
医师	14	中药铺	15
牙医	1	药商	1
助产士	1		

梧桐镇较早的中药店是黄修德号，抗战时期8家中药商号组成药业公会，公推仁济堂业主为理事长。

梧桐镇上的中药商铺所售药材多来自嘉兴、硖石的批发行，部分珍贵药材则自上海、杭州进货。若某种药材断货，药业公会通过协商、调剂的方法解决。桐乡本地产中药材如玄参、大力子、蜈蚣、地鳖虫、野菊花等也通过商号远销外地。除出售药材外，多数中药铺自制丸、散、膏、丹等中成药。

西药房最初在于天顺糖果店一侧附设西药部，出售十滴水、红药水、眼药膏、仁丹、奎宁片、消治龙等常用药。民国30年（1941）3月，县城首家专营西药的元仁西药房开设于鱼行街，店主为梁元鸿。民国《桐乡民报》唯一刊载的西药房广告便是元仁药房，其广告词为"各种补品，常备良药"。

民国34年（1945）10月，桐乡县药业同业公会举行第一届会员大会，选举毛树松为常务理事，民国35年（1946），药业公会统计有会员62人。

民国36年（1947）《桐乡县警察局城区医药人员医院药商已领开业执照调查册》

商号	业主	地址	商号名	业主	地址
施天和堂	施晋珊	东南门街52号	黄修德	王炳奎	东大街28号
德康	吴焕文	东门星桥弄30号	诚心堂	范渭泉	东大街46号
仁济	毛树松	鱼行汇街19号	天聚堂	徐春安	东大街58号

注：1949年4月，《桐乡县国药商业同业公会会员名册》载，除了上述6家外，还有南城门口王天元堂中药店，业主王志修；牌楼弄益元中药店，业主朱芳全；元仁中药店，位于东门直街，业主梁元鸿，1949年登记为西药店。

民国38年（1949）梧桐镇中西药店统计表

商号	业主	年龄	地址	开业年限	备注
诚心堂	范祥林		东街	31	
仁济	毛树松		鱼行街	12	
黄修德	王炳奎		东街	30	
施天和	施六如		东门外南街	10	
德康	吴焕文		星桥弄	20	
王天元堂	王志修		丁字街	32	
天聚堂	徐春安		东街	32	
天隆药房	孙宝元		鱼行汇		
中西药房	朱　乾		东门外南街57号	3	
徐万顺药房	徐　孟		鱼行汇	4	

注：中西药房、徐万顺药房登记为西药房。

第二十节　糖果　糖坊　石砖灰　电器行　轿行

糖果店、糖坊主要出售糖果、蔗糖。

梧桐镇上的石灰行、砖灰行，以星桥弄的陈源泰开设时间最早，主要经营建筑材料，如黄砂、砖瓦、石灰等。

电器行为民国时期的新兴店铺，位于东门外南街的大光明电器行，出售电器设备，由于这些物品需求量较小，顾客需要事先订购，由业主从沪杭电器行进货而来。

轿行在古代即有，主要为富户办婚礼所用，或是达官贵人的代步工具。民国初年，桐乡有轿行一家，业主许云南，店内有各色花轿。浙江巡按长兼浙江都督屈映光来桐乡视察时，曾乘坐许云南轿行的轿子，从而全县闻名。抗战胜利后，轿行逐渐被淘汰。

民国38年（1949）梧桐镇糖果店统计表

商号	业主	年龄	地址	开业年限	备注
	于化同	47	鱼行汇	10	业主还设有杂粮米业号

民国38年（1949）梧桐镇糖坊业统计表

商号	业主	年龄	地址	开业年限	备注
	顾兆基	33	东街	20	

民国38年（1949）梧桐镇石灰业、砖灰业统计表

商号	业主	年龄	地址	开业年限	备注
	郁久安	28	丁字街	5	
陈源泰	陈德生	47	星桥弄	20	
	邵久安	29	八字桥	6	
张洪泰	张仲仁	51	丁字街	20	

第二十一节　电厂　肥料行　搬运行

　　民国初年，桐乡还没有电厂，普通居民照明用马提灯、美孚灯和蜡烛，富户则使用亮度较高的汽油灯，当时市面上也有专门经营出租汽油灯的行业，而贫困家庭甚至还使用更原始的油盏来照明。

　　民国16年（1927），桐乡县商会组建电灯事务所，聘沈松生为经理。所需电力向乌青镇电气股份有限公司购买，用23千伏木杆线由乌镇经炉头至县城南门落点，并在南司里安装20千伏变压器一台，不久降压到220伏，在城区主要街道架设22—400伏木杆绝缘低压线路，总计2公里多。那时仅供桐乡城内少数人家和商铺的百余盏25瓦灯泡照明，最初通电时，全城轰动，引来众人参观。

　　民国20年（1931），乌青镇电气股份有限公司因经营惨淡，停止输电。民国23年（1934），"利生抽水机船"股东黄关元、王掌福、钟汉章、李咏章有抽水机船流动于乡间，为农民夏季戽水，冬季碾米，不久四人发起筹议，以原抽水机船股份为基础，增资21股计4200元，将机器搬运上岸筹办电厂。四人决定以小东门外汇源桥西堍南侧为厂址，新建平房9间，购买15匹马力煤气机和11千瓦直流发电机各一台，组建大顺电厂股份有限公司，推李咏章为经理，晚上发电照明，白天为农民碾谷，以弥补亏损。

　　大顺电厂建成后，向全镇供电，用户数较此前增加不少，但仍多为富户和商号使用。发电时间从傍晚开始到午夜，12点一过停电，停电前，以有规律的三熄三亮来打招呼。电厂成员不多，有管理机器的咬兴师傅（原名曹子兴）、丁宝兴、黄德兴等。对于用电的客户，也是上门抄电表收费。电厂的动力是一台能烧柴的蒸汽机，用皮带连接发电机。发电时，师傅们心情紧张，要把蒸汽机上飞速转动的大飞轮，用皮带套到发电机的转子上，套得好能顺利发电，一不留神就会出事故。

民国25年（1936），在地方士绅李咏洲的倡议下，由李先行垫款向桐庐购入美国产50匹马力煤气机1台、西门子40千伏发电机1套，扩大电厂规模，此时发电机组更新后，年发电量增加，用户达到了170—180盏，安装电表的用户达30户，其时电价每千瓦时二三角。

民国26年（1937）11月23日，日军占领桐乡，电厂因职工逃离而停业，但日伪逼迫继续运营发电。由于抗战期间煤源中断，原有机器无法发电，不久由伪商会开期票向梧桐镇商界摊派集资5000元购入1台木柴炉子，最初改烧木炭，并在厂边造窑制炭，后改为烧木柴。

据抗战胜利后的桐乡县《商会会务概要》载："本城电灯厂被敌伪相继控制，只供敌伪私便，不顾民众之公利，斯际敌伪机关，灯盏林立，光同白昼，外间街道，处处昏黑。"

抗战胜利后，因受洋油冲击，用电户骤减，电厂难以维持，截至民国35年（1946）3月底，电表户从21户减少至16户，4月1日电厂申请县政府救济，才得以勉强维持。民国36年（1947）《桐乡民报》刊载有一则大顺电灯厂的紧要启事，文称：一月三日，本厂发光不及半小时，东大街及北街之线路上发现有人偷电导致该线电灯全部黑暗，经本厂三度寻觅，约一小时始恢复原状，要求将偷电者移交法办。

民国37年（1948）10月，王掌福等人投资添设稻谷加工设备，以弥补电厂经费。同年12月，电厂采取临时登报公布电价收费标

民国37年（1948）大顺电灯厂电价

准，先预收，后结算，同期的《桐乡民报》还刊载有十二月廿一日起的电价调整情况。

民国38年（1949），梧桐镇置配电线木杆13基，年发电量为21600千瓦时，股东10名，股份26.25股，折合糙米1050石。

旧时梧桐镇上有四家粪行，分布在东南西北四门。

民国23年（1934），西门粪行的老板名叫吴阿五，家在屠甸乡下，身材魁梧力气大，号称"上等田畈师"，与女婿曹阿五一起经营西门粪行。粪行靠河，两开间门面，旁边搭有工棚，摆有粪行所用的工具，住宿租用隔壁不远的杨家厅屋。

粪行的生意分季节，农村有谚语："杨柳青，粪似金；春天粪满坑，秋后粮满仓。"

吴阿五从绍兴买来8条两吨旧木船，用桐油油漆。每条船上配一名"粪押子"。西门一带有420余户居民，马桶有1000多只，吴阿五还负责三所公厕的管理，公厕的粪归粪行，镇公所每月补贴粪行20元。

一千多只马桶每天要倒，大户人家有四五只，一般人家有成年桶和囝桶。马桶天亮前必须拎到户外，旁边自备一小木桶清水，供洗马桶用。行规还规定，凡店堂的马桶必须标明店号，打烊前一律放在弄堂口，凡在户外过夜的马桶，上面必须加盖，粪押子挑粪担过街，粪桶上要扣紧盖头。

粪押子倒粪按街路弄就近划包干区，每人负责一百多只马桶，所以一般都是摇船到点上，然后一家一家的清理。粪倒出后，马桶清洗很讲究，必须用水冲，用竹编梳子洗，洗干净后马桶倒放，盖子放在马桶上方，清扫掉周围残渍。忙碌两个时辰后才把千户人家的粪装入船内，船摇到粪行的河帮岸边停好。吃过早饭后，吴阿五手里拿着本子，按当天买客的数量和地址，派粪押子一船一船地送到乡下。

粪押子送粪，摇船是技巧活，要摇小橹，开步要小，如果脚用力太大，船就晃动，粪水就会漫到船外。

粪行生意随着农作物对肥料的需求而定，春夏秋三季，是烟菊麻桑稻生长的旺季，肥料的需求量大，粪行生意好做，一船粪可以卖到五块，相当于一担糙米的价格。西门外租田大户邵阿珍，每年三月到八月的半年里，每天向粪行订购两船粪，四十亩租田的收入，有百分之十五给了粪行。在当时老梧桐的"六行"里头，粪行的收益虽比不上丝行、烟行、羊行、小猪行，但跟米行不相上下。

冬季是粪行的淡季，为解决大粪的储存问题，吴阿五在恭敬行旁边买下两亩地，用青砖砌成粪窖，上面铺上厚木板，不使臭气外溢。他还与几家租田大户签订好淡季购粪合同，以每船一元的低价让租田大户自己储存大粪。

冬季粪行生意清淡，但吴阿五很有经营头脑，能做到生意清淡人不散，因为一千多只马桶是每天必定要倒的，另外，桐乡农村不少蚕农有在桑地里开沟藏粪的习惯，他每天安排粪押子给蚕农送粪，清理三所公厕后，多余人员搞冬季粪行的维修保养，粪船分批上岸，洗干净晒干后，逐船检查，该补缝的补缝，该换木的换木，俗话说，破船只要三斤钉，叮叮当当一阵修补，再抹上桐油，木船就跟新的一样。

民国35年（1946）《桐乡年鉴》载《桐乡县管理粪行规则》："……2.凡本县境内开设之粪行均须填具申请书向各该管警察局所申请登记，发给许可证，方准开设。3.收运粪便时间规定每日一次，自春分起以上午五时至九时为限，秋令起以上午六时至十时为限。4.凡挑运粪便工人于倾倒粪便时，不得以洗刷粪便秽水任意倾倒于当途或河内。5.挑运粪桶必须装置木盖，并不得过于载满，以免散出臭气或漏粪便污秽道路。6.挑运粪便应由僻静处所，不得经过闹市，但必要穿过时，挑夫务须特别注意，预先唤开行人。……粪船应于警察局所指定地点停泊，不得开入市河任意停留。"

粪行每月按马桶数给居民发草纸，草纸由粪押子分发。每年年终，吴阿五亲自挨家挨户给居民发马子钱，同时了解居民对粪行和粪押子的意见，对反映特别好的粪押子，还要送年终红包，对表现差的及时辞退。

民国38年（1949）梧桐镇肥料行统计表

商号	业主	年龄	地址	开业年限	备注
全昌合记	俞子财	49	冯家河西	15	
全昌维记	张克家	43	北港育婴堂桥	10	

民国时期，从事搬运装卸工作的人俗称为"脚班""脚夫"。梧桐镇因搬运工人多汇聚在东门埠头，因此东门又有"脚班门"之称。

民国37年（1948），梧桐镇有脚班20余人，分东西两班，每班10人左右。东班主要负责鱼行汇到东门，班头陈宝顺。西班从吴家庙到南门，班头张倌。两班的业务以快班船装运的物资为主，东西两班各做本区域内的活，不得超越地界。即便如此，还常常因争夺生意而发生争吵。

工人每年交给班头白米三斗，如果班里人员不足也可将地段出租他人。旧时搬运工人一条扁担两根绳，穿梭于码头，日晒雨淋，但所得工钱少得可怜，一年下来仅供糊口而已。

梧桐古镇商贸旧事

第三章

乡村集市

第一节　高家湾集市

高家湾集镇（今城西村），民国时期属崇德县钱林乡，因钱林横港在此转弯，湾北住户姓高而得名。

钱林亦是古地名，元至元《嘉禾志》载："千乘乡，在县东北一十二里，管里九：纪目、羔羊、上蔡、游屯、钱林、令墅、五社、双林、新城。"民国时期设钱林乡，乡公所设于高家湾。高家湾集镇开设有百货店、面馆、饭店、茶馆、肉铺、理发店等。

根据《民国时期社会调查丛编》"乡村经济卷"载：高家湾民间有钱会名"四总会"。钱会是农村旧有金融组织，农民如急需现款，可邀亲友若干人举办钱会，以解燃眉之急。高家湾村四总会，有会员16人，四总会会约如下："是集始于某年某月，荷蒙戚友雅爱玉成四总钱会，连首事共十六人，各得洋一百元整。每年举行三次，定二、六、十月某日。五日前首事具柬相邀，至期风雨无阻，赍钱赴席。不准票物抵押银洋。当场估剔洋价，照市贴水。除四总坐得，余皆拈阄卜彩，点胜者得，遇有并点，从先却后。倘有中道寒盟，该总觅补。如有会外账目，不得会中牵入。轮会设席，当除席费洋五元。此系通财雅谊，惟望始终如一。此订。"

民国时期高家湾集镇日渐繁荣，商户获利颇丰。过去居民婚丧嫁娶，请乐师的较少，但高家湾集镇的商户和附近富农，办婚丧都要请乐人师傅吹打，甚至集镇上出现了丧葬服务行业，诸如蜡烛、黄纸、锡箔的商铺相继出现。贩小鸡小鸭的乡担子随之演变为收购鸡鸭的小店，贩运到梧桐镇、石门镇。

至20世纪40年代，高家湾慢慢变成了一个农副产品的集散地。

附录：王贵福烟片收购店

民国28年（1939），国军62师"箬帽兵"在南日晖桥、五官桥一带和日军打了一仗，伤亡很大。有一个排长，名叫王贵福，与部队失散了，一直从史家桥逃过西，到了钱林一带，隐居下来。钱林太平桥肖家浜往北，就是高家湾，高家湾往北七八里路，就是单桥，他看到这里的农民大量种植晒红烟，晒干后烟片到桐乡、石湾出售。王贵福便决定在高家湾开爿烟片收购店。他当过军官，手里有一点积蓄，就作为本钱，在高家湾搭了三间草棚，开了一家"王贵福烟片收购店"。

由于投售方便，收购价略低，赚钱也可观，生意越做越大，后来王贵福得知，到嘉兴出售，盈利更多。

生意做大后，王贵福在高家湾建造三个草棚房，没多久又翻造为砖瓦房。当地一些农民，也纷纷在高家湾开起了茶店、小吃店、面店等，集镇渐渐形成了。

第二节　北日晖桥集市

民国时期，桐乡县城南门外的北日晖桥是一个有名的乡村集市。

北日晖桥原是一座三孔石梁桥，南北走向，长19.8米，宽2.25米，跨度12.7米，为清道光四年（1824）重修，以桥为中心，两岸聚集了一些商贸人家，形成集市。

北日晖桥周围有一百多户人家，桥南有沈进发的糕团店、毛一山的小百货店、葡萄阿四的酱油店、大脚阿六的糖果店、摇头阿三的水果店及多家茶馆店，此外还有吴祖林的豆腐店、毛继林的酒店、长娘娘的酒饭面店、商九林的刨烟店、韩多头的酒酿店、周阿六的馄饨店、毛四娜的大饼油条店、沈子春的包子店等，还有姚益孚中医诊所。桥北有吴中和的中药铺、吴远济的南货店、董水男的杂货店、李小宝的缸甏碗店等。

第三节　庄家桥集市

庄家桥集市在桐乡县城东南，与嘉兴县交界。民国时期，是一个热闹的乡村集市。

庄家桥桥西属桐乡地面，有徐家肉店、徐祖林酒店、沈九林豆腐作坊、葡萄阿三的酱油店；张雪祥、周三林的馄饨店；陶小宝的缸甏店、陈继松的酱鸡店、金家打铁店、沈子香的包子油条店等等。

当年庄家桥有几家富户，是靠经商致富的，最有名的是徐家和金家。徐家以养猪卖肉发家，民国年间，庄家桥的肉猪很有名，徐家徐焕荣、徐炳荣和徐雪荣弟兄三人都开肉店，除了杀猪卖肉，还养猪，每年销售到嘉兴、海宁等地，生意做得很大。发家后，造起了徐家大宅。

庄家桥附近一带的农民有养母猪的习惯，培育的小猪主要销往王店、濮院、屠甸等地。

金家以打铁为业，其打铁店售卖铁器农具，如锄头、刮子、镰刀等，除了供应本地农民，还贩运到外地。

第四节　北孟庙集市

北孟庙集市在县城东门外七里的姚家浜，附近村坊密集，东面有一条永兴港，与濮院的庙白隔河相望。有民谣说："三里姚家浜，七里到桐乡。"姚家浜的浜南浜北，各有一爿茶馆店，每天一早，茶馆店顾客盈门。

浜南有一爿豆腐店，老板姚阿大，很会做生意，能按季节制作各种豆制品，春天用剩余的豆腐干做腐乳，夏天把剩余的豆腐干制成臭豆腐干。

北孟庙没有肉铺，梧桐镇上的肉店，每逢庙会，或者初一、月半，就来北孟庙前临时摆个肉墩头，卖掉猪肉后，就顺带在附近收购猪羊和家禽。

北孟庙一带的农民都养猪，梧桐镇上的蒋记肉店经常到北孟庙收猪。

每到秋收时节，桐乡城里的大商号如朱信昌、陈克昌等都要来北孟庙设点收购稻谷，运到镇上碾成米，装运到上海、杭州等地销售。春天收蚕茧，夏天收黄麻、瓜果，冬天收柏子、菊花等。

每年农历二月十九和六月十九是北孟庙庙会，游人云集，乡担、小贩纷纷赶来，卖香烛、黄纸、元宝、锡箔，还有针头线脑、南北杂货。

桐乡过去有句俗话："城里有孔庙，城外有孟庙，孔夫子住在城里，孟夫子住在城外。"北孟庙集市的货运靠水路，每天有三四班航船到桐乡，装运货物为主，兼带客人。

还有一些挑乡担的，经常来北孟庙做生意，县城的沈爱生挑杂货担来零售各种小百货，东门头的剃头阿德每天下午挟个剃头包，在附近的村坊轮流摆剃头摊。

北孟庙有一家打铁店，师傅姓沈，是江苏南京人，与徒弟从早到晚打造各种农具，还摆摊出售各种铁器。

抗战时期，有一些外地人逃难到北孟庙，也有靠小手艺谋生的，如补鞋修伞、磨剪刀等等。

第四章

庙会 香汛 流动摊贩

第一节　抗战前的桐乡城隍庙庙会

　　所谓庙会，其实是旧时一种民间贸易集会，也称"庙市"，是传统的贸易形式之一。在寺庙节日或规定的日期举行，一般是在蚕汛①之前，或者是收获后的农闲时候。因为设在寺庙内外，故称为庙会。

　　桐乡城隍庙位于西城，从西门入城，是一条宽不足两米的碎石泥路，向东百米，路北便是城隍庙。庙前有块大白场，场西有座朝东戏台，高近两米，场东隔康泾塘与凤鸣寺相望，路南有垛照墙。城隍庙殿宇高耸，四角飞檐高翘，四周别无建筑。

　　城隍庙会十月廿五开始，持续三天，如果生意好，也有持续到月底的。

　　几百年来，西城一带比较冷清，清同治二年（1863），太平军从西门入城，占领桐乡，撤走时也出西门，放火烧了西城，城隍庙仅剩下城隍殿。从此西城更加萧条，到处杂草丛生，坟冈乱葬，这种情况一直持续到20世纪五六十年代。然而庙会期间，情况不同，人们大清早从四乡出发，进四门鱼贯而入，直奔城隍庙。有些乡间妇女，穿着考究，十分显眼，红衣红裤红裙红布靴，城里人戏称这种打扮叫"红萝卜"；有的上衣蓝底红花高领紧身对胸纽，下身穿条花裤子，左胸别朵花，头上插枝花，鞋面绣了花，城里人管这种

---

① 蚕汛：指养蚕季节。

穿戴叫"花炮仗"。她们手提烧香篮，肩背黄布包，目不斜视，口中念念有词，一本正经赶庙会。

旧时城隍庙庙会，戏班子在露天白场上演京剧，锣鼓喧天，箫笛悠扬……桐乡人给这个庙会取了个形象的别名："十月廿五锵咚喤"。商会领头组织，商界出资请戏，民众自愿参加。庙会集烧香拜佛、物资交流、大众娱乐于一体。庙会期间，城隍庙前，东到凤鸣寺，西至西门口，摊贩云集。水果摊，香烟摊，馄饨担，饴糖担，瓜子糖果糕饼，粽子烧饼茶叶蛋，各式各样泥菩萨，五颜六色鸡毛掸，还有流动牙医的大凉伞等等，摆满碎石泥路两旁。

露天戏场上有名的京戏班子，如达子红领班的庆升大舞台，孙伯龄领班的龙凤大舞台以及红羊京剧团都曾被桐乡商会请来演出过。所演戏文有《龙凤呈祥》《虎牢关》《关公走麦城》《狸猫换太子》《陈州放粮》《铡美案》《包勉案》等等，都为传统剧目。

打拳头拍胸脯卖狗皮膏药的，撒点石灰打个圈子划个场子，就开始做生意。还有小热昏，穿件长衫，站在方凳上，身边竖个三脚架小平台，一面小锣，一副快板，诙谐幽默，说说唱唱之间，相机推销白糖梨膏糖和百草梨膏糖。

更有扯大洋片的，双搭档，一个这边推，一个那边拉，中间放七八只凳子，坐下来看西洋镜。还有变戏法的，也有让猢狲参与变把戏的。

这些民间艺人，东一堆，西一堆，从凤鸣寺摆到西门口，见缝插针，处处招引得你目不转睛，流连忘返。

庙会期间，商行店铺生意兴隆，到石信成银楼打首饰的，去天成绸布庄剪绸扯布的，到丁永大酱园吃酒的，约几个熟人上钟家馆吃朋东①的，上三阳楼茶馆喝茶的，还有在玩具摊上给孩子买

---

① 吃朋东：桐乡方言，指旧时某项农事结束后举行的聚餐。费用来源有两种，一种是从该项农事所收取的费用中支出；一种由参与者凑份子，相当于现在的 AA 制。

个洋娃娃的，到香烟店里给老人带包金鼠牌香烟的……对商家来说，城隍爷召来了财神爷，一个庙会下来，商家都着着实实赚了一笔。

民国26年（1937）11月23日，桐乡沦陷，庙会戛然停止。

第二节　抗战胜利后的迎会和香汛

抗战胜利后，为繁荣商业，振兴经济，梧桐镇商界40余人合议，在民国35年（1946）秋，恢复城隍庙香汛，但邑庙遭战争破坏，满场瓦砾，凌乱不堪。商界人士发动青年义务清除瓦砾和杂草。劝募材料费，修复山门两边的庙墙，装上大门，接城隍菩萨回殿。忙碌数日，筹备工作完竣。由各坊筹资，邀请知名戏班子黄金大舞台，于农历十月廿四至十一月初一，在城隍庙日夜开演《铡美案》《追韩信》《闹天宫》等剧目，海报上标的票价为1000元至3000元。

大顺电厂也在香汛前恢复发电。十月廿五，沉寂已久的桐乡城迎来了盛会，狭小的大街小巷人头攒动。原来荒芜的城隍庙成为众人关注的热点，好赶热闹的青年男女喜气洋洋。城隍庙前人山人海，糖果摊、甘蔗摊、香烟摊，从早到夜围满了人；花洋片、西洋镜、跑马戏、猢狲变把戏，吸引了众多游人；还有测字、看相、算命先生，可谓三教九流汇集。香汛连头连尾六七天时间，四郊乡民进城观光者数万人。农民卖掉一斗柏子就能上馆子，全城酒菜、茶食、杂货等商店及各种摊贩，无不利市十倍。

民国35年（1946）11月18日的《桐乡民报》刊载有"城隍菩萨复员回殿，今年香汛恢复旧观"的报道，文载："本县邑庙，昔于农历十二月二十五日，例有香汛，战后中辍至今，本年经地方人士发起恢复，籍图振兴市况。连日来整理场地，号召游客，并接城

隍菩萨回殿等事，忙碌数日，大致已告完竣。昨日各地赶香汛之游
耍，如马戏、西洋镜以及做生意的摊贩等已云集，今日起开演杭剧
三天，晚间筹募尊师经费，开演夜戏，且城内电灯，亦于昨起开始
放光，预料将有一时之热闹云。"

　　民国36年（1947）初春，桐乡城内各坊负责人合议，为鼓舞人
气，繁荣市场，重新举办蚕花胜会，于农历闰二月廿六、廿七、廿
八连续举行三天。为迎会路径问题，各坊发生争执。如沿袭旧例，
出会地点均在东门外，迎至南门，南门各坊提出要改变路径，从南
门集中出发，以示公允。为此双方各执己见，相持不下。使得廿六
日蚕花胜会第一天下午，东门、南门各行其是，分道举行。南门外
花台及城内花台，在公园集合出发，环城一周，出南门始散。东门
外花台，集合东门出发。以致观看者东西奔波，更显摩肩接踵，热
闹无比。各坊以坊旗开道，抬着制作的花台和排演的故事，一路展
示。花台就是在一只方桌上用竹篾精心编扎出各种造型，用厚纸裱
糊并画上五彩缤纷的花卉人物等，内容主要是蚕花娘娘，以及一些
民间传说和经典戏剧里的人物，中间最高处站立童男童女，扮演各
种角色，由4个大汉抬着一路行进。迎会中的所谓故事，其实就是
各式各样的节目表演，有迎香炉、舞龙灯、荡湖船、踩高跷、拜香
凳等，伴随着锣鼓、唢呐、丝弦的伴奏，载歌载舞，热闹非凡。蚕
花胜会第二天下午，小东门一带，观摩者十分拥挤，不少人攀登城
墙观看，有一个乡下来的七岁小男孩不慎失足，从城墙上跌落，掉
在大顺电厂水沟里，当场昏厥，被急送医院救治。

　　同年十月廿五至十一月初一，旧例相沿，战后桐乡第二个城隍
庙香汛如期举办，但规模不如上年。香汛前几天，庙前人头寥落，
连往年赶香汛的跑马戏、西洋镜、泥菩萨摊都姗姗来迟，一直到廿
五下午才赶到，糖食摊贩仅一二处。在东门外"四青龙"（即四个
以青龙为名的街坊组织），提前两天请来八线班（即木头人戏），在
东门更楼边开演。见场面冷清，城内及南门外各商号集资请来同心
女子越剧团，廿七日起在城隍庙连演4天，以资助兴，可惜开演第

一天就细雨霏霏，傍晚雨点更密，只得停锣歇鼓。次日西北风劲吹，天气放晴。城隍庙前的杂耍及各色摊贩又见增多，游客大都来自乡间，人数不下千余。下午警局接到举报，说城隍庙前有赌博行为，即派员赶赴现场，抓获3名赌徒，缴获骰子、纸牌等赌具，带回警局讯办，拘留2天以示儆。香汛最后一天，天色阴霾，细雨蒙蒙，城隍庙前，人头稀少，各种杂耍、摊贩也大多早早撤去。《桐乡民报》刊文"香汛末日，雨淋城隍庙"。

民国37年（1948），蚕花胜会和香汛虽然还是照例举办，但明显是一年不如一年。物价疯涨，货币贬值，市况颓废，民不聊生。尽管赶会人头比平日多，但消费并不见有起色，怪不得有人戏称："桐乡香汛不寂寞，可惜袋里无金元"。

第三节　庙会和商贸

梧桐镇作为县治所在地，旧社会有多所庙宇庵堂，颇有规模的有三所：城隍庙、凤鸣寺、秦皇庙。

庙宇也分等级，最小为土地庙，庙内塑有土地公公和土地婆婆。土地菩萨属城隍菩萨管辖，一个县治只有一个城隍庙。桐乡县城的城隍庙在康泾塘西。有规模的庙宇必有庙会，按昔日的庙规，一方庙宇菩萨享受一方百姓供奉的香火，如南门外东山桥畔的秦皇庙，原是一所土地庙，但管辖范围很大，东面管到麦干浜，南面管到圣皇庙、杏坛头，西面管到西门头，北面最远，一直管到毛家渡和塘北一带。方圆二十里的百姓既有权利，又有义务管理。菩萨保佑一方的男女老少，遇庙会可以去参加迎会、看戏、烧香、拜佛、逛庙，义务是要派壮劳力去抬菩萨、擎庙旗、举庙幡，而且还要献份子钱。

庙会并不是年年举办，主要看年成而定，遇到丰年，地方士绅召集各村坊上的族长进行商议，安排内容，确定日子，摊派经费。

庙会一般办三天：第一天，把菩萨抬出来，坐上轿子，在几个大村坊游行，大造声势。第二天，请来戏班子，搭台唱戏。秦皇庙会演戏前，头戴冲天冠的秦皇菩萨被抬出来，坐在台下最中央，百姓围在菩萨四周看戏，不得冲撞菩萨。第三天摆宴，酬谢出力、出钱的人。菜肴先斋请菩萨，再众人会餐。锣鼓响，戏文唱，小商小贩齐上场，各种摊头摆满场，有五光十色的丝绸，有杂耍表演加儿童玩具，最热闹的当数吃食摊。水果有甘蔗、荸荠、糖水梅子、雪梨等。糕点有芝麻酥糖、金镶玉嵌、肉糕、粽子等。干果有油盐花生、五香蚕豆、生炒栗子和白果等。

庙会期间，一向冷清的白场上人群似潮，农民们扶老携幼，纷纷出来赶庙会，这是商店做生意的好时机。男人们进铁铺买农具，然后进饭馆，开开荤，喝喝酒。女人们逛布店，走杂货店，给全家老小剪些客布，回家做几件新衣。十来岁的少年腿脚便捷，蹦蹦跳跳，买小吃，看杂耍，不把铜板花完不罢休。

庙会的季节一般都放在收成之后，也就是蚕罢或冬至前，因为这时候农民不但有了闲工夫，而且口袋里也有点钱。精明的商家决不会放过这种好赚钱的机会，他们的生意经主要有三种：一是大声吆喝，夸赞自家的商品如何如何好，如卖布的绘声绘色地夸这种布料是上海、苏州布厂的新产品，春天做衫鲜明漂亮，夏天制衣爽身风凉，秋天缝衣厚实耐磨，冬天定袄抵御风寒。有的小贩甚至使出浑身本事，敲锣打鼓，说唱并用，来招引顾客。二是把商品摆在最显眼的地方，在地上铺开来，在空中挂起来，甚至自己身上挂满商品。三是在价钱上做"花头"，如降价、打折、买一送一、假一罚十、保证调货等等。更有会动脑袋的商人允许以货换货，使出许多有效的促销手段。

第四节　流动摊贩

除了商铺之外，还有走街串巷的流动摊贩。

梨膏糖摊贩，人称"小热昏"。"小热昏"一词，既是指梨膏糖的促销技艺，也是对街头艺人的专用称呼，并无贬意。

立夏一过，天气渐热。黄昏时分，有"小热昏"来了，肩背一只小木箱，一手提盏防风小汽灯，一手挎条短板凳，腋下夹个支架和一块一尺见方的小搁板，前后左右簇拥着一群孩子。到了比较宽阔的街面，如鱼行汇、云龙阁拐弯处、楼门桥堍、朱德大伞店墙门口大井旁、东门外更楼头，他便将支架放下，搁上搁板，把小汽灯和小木箱分别挂在支架上，打开木箱，拿出一面小锣、一副竹板和一片檀木。

见人越聚越多，他放下小锣，打起"的笃板"，先说一番开场白。插几句上海洋泾浜，说几句憨厚桐乡话，随心所欲。"金铃塔里格塔金铃，金铃宝塔十三层……"一气呵成；"人之初，性本善，性相近，习相远……"看情况，看人头，想唱到哪里就唱到哪里，然后开始推销自制的梨膏糖。

接下来表演故事段子，以说白为主，插说唱，打快板，灵活多样，生动、活泼、紧凑。说到关子头上，稍事休息，抓紧时间叫卖百草梨膏糖。看客听客为了让他快一点继续往下说，不想买糖也买糖。此时若有悻悻退场者，小热昏眼尖，便戏谑嘲讽几句，引得大家哄堂大笑。艺人视生意好坏和观众多少，决定故事长短，最后卖一个关子，说声"明日请早！"夏天多阵雨，小热昏最怕说到高潮时，正要打住卖糖，突来闪电，暴雨骤降，观众跑掉，场子冲光，生意泡汤。

小热昏大多是单人表演，难得也有双人或多人搭档的，就地画一个圈，圈内表演，圈外观众，所谓"立白圈"。中华人民共和国成立前，街头艺人没有社会地位，为养家糊口，吸引观众，说唱里往往添加一些黄色内容、低级趣味。

苏州评弹名家"张调"始祖张鉴庭，年轻时也是"小热昏"，他曾多次来过桐乡，在鱼行汇、楼门桥、更楼头卖梨膏糖。只要他的小锣一敲，便满街站人，《三结义》《战吕布》《走麦城》连说好几天，人物形象惟妙惟肖，用词造句幽默风趣，插科打诨令人捧腹，场场生意火爆。

饴糖担则是一种以饴糖为原料，靠手艺做成"糖菩萨"出售的摊贩。献艺为经商，促销展技艺，都能吸引一群孩子乃至成人。

卖饴糖的都是"江北人"，这是杭嘉湖沪一带对苏北人、皖北人的通称。江北汉子挑两个木桶，担前的木桶上插一个圆柱形稻草棒，碗口粗细，尺半长短，草棒上斜插着用饴糖做成的观世音、孙悟空、猪八戒和刘备、关羽、张飞等"糖菩萨"。饴糖担优哉游哉，不吆喝，不拨鼓，选一处街角弄口，停下担来，他坐在桶盖上，背靠扁担，自顾自做糖哨子。一歇歇工夫就做好，经风一吹，便能吹响。尖响的糖哨子声，很快就会引来一群孩子围观。看着稻草棒上各种各样五颜六色的糖菩萨，越看越爱，忍不住掏钱买下。

不少人围在糖担旁，看江北人做糖菩萨。那只插稻草棒的木桶里，悬一块铁板，上面放几只大小不一的糖钵头，分别盛放清饴糖以及掺入各种不同颜色的有色饴糖，下面点一盏小灯加热，所以拿出来的饴糖很软，可以随心所欲将饴糖捏成各种形状的人物和动物。他先用小竹棒蘸上清饴糖，做成基本形状，再用有色饴糖装扮修饰，完了就插在稻草棒上，风一吹就硬。

做比较复杂的形状，需要借助小模具，如人形糖菩萨，他用一

梧桐古镇商贸旧事

小块清饴糖搓捏成中空小袋状，放入模具中，把两块模板合拢，对着饴糖块里吹足气，打开模板就成了。关云长的青龙偃月刀，刘备的双股剑，张飞的丈八蛇矛，孙悟空的金箍棒，猪八戒的九齿耙等等，都是用手捏压成形，用小刀挑挑剔剔，配粘上各色饴糖丝而成的。若在小木棒顶端横一根麦秸管，用饴糖粘绑住，麦秸管里插根细铁丝，两端粘上糖风叶，就成了糖风车，迎风便会转动。

旧时梧桐街上还有一个叫卖素食的摊贩，大家都叫他"长子阿七"，也有人叫他"酱鸡阿七"，姓沈，屠甸人，长子阿七是聚乐园茶馆店的伙计，茶馆店做的是早市，下午没有什么事，他就做素食沿街叫卖。长子阿七烧制的素食相当精美，素鸡素火腿，特别是素包，是他的绝活，十分惹人喜爱。

每天下午，长子阿七都要出来卖熟食，一个长方形的盘子，四角穿了两条带子，套在肩上，盘子放在胸前，两只手扶着，盘内装的是五花八门的素食，都是用千张、豆腐衣之类的豆制品制作的，有素鸡、素鹅、素爆鱼、素香肠、豆腐干等，而且做得非常形象。这些素食的做法仿制苏式，稍微有些甜，酥软但不烂，色香形味俱全。每天下午两三点钟，小小的梧桐街上就会传来他悦耳的叫卖声。

他的看家食品是素包，用当天的豆腐，拌匀黑木耳、香樟、笋末，配以椒盐、香葱等佐料，用豆腐衣包裹，蒸熟，卖时再在包上涂点纯麻油。

挑担卖馄饨的"馄饨老四"王祥茂，是江西人，抗战前，经人介绍，到东大街上的一爿江西菜馆做伙计，因收入有限，没过多久，便离开菜馆，走街串巷以卖馄饨为生。

"馄饨老四"的馄饨担结构独特，形状怪异，除抽屉以外全用斑竹做成，近一人高，整个担子重约八十斤。前面一头是锅灶，下层放一捆劈细的好似筷子似的柴爿头，后面是一个竹橱，分成数层，最上面放着餐具，下面数格抽屉放馄饨皮子、鸡蛋、葱花以及剁好的肉馅等，底层放一只盛有冷水的小木桶，另外几只格子，放包好的生馄饨、醋瓶、盐钵头、酱油壶等，在锅灶旁装了一个竹梆，用木棍敲打，就会发出"笃笃笃"的声音。这就成了一爿现煮现吃的流动馄饨店。

每天下午两三点钟，丁字街头就会听到"笃笃笃、笃笃笃……"的竹梆声，人们一听到这声音，就知道是馄饨老四来了。顿时，整条丁字街闹猛起来。

丁字街上还有一种卖芽蚕豆的摊贩，价格便宜，买一份只要两分三分，很能吸引人。"芽蚕豆"是用青蚕豆浸胖发芽，用蒸笼蒸熟。

卖芽蚕豆的是一个绍兴老太太，姓李，家住北门栏桥头，每天午后，一声带有浓重绍兴口音的"热芽蚕豆"，穿过城门洞回荡在丁字街口。李老太太挽着一木桶，穿街过巷，丁字街上聚集着几十家商店，是南门城外热闹之地，店多人众，李老太太的芽蚕豆容易卖出。

北门栏桥头有个卖甜酒酿的，大家叫他徐伯，他做的甜酒酿非常好吃。每天，他挑着一副圆箱笼担子，手里拿一根拨浪鼓，从不吆喝，一路走来，叮咚叮咚之声开道，挑到丁字街，就放下担子，等待顾客。拨浪鼓一响，最先赶到的是活蹦乱跳的孩子。可以买一小钵的，也可以零卖。

梧桐镇西门外魏家角农家做的镬糍远近闻名，有不少人以此为副业，做成后用箩筐装着，挑到梧桐镇上来销售，沿街吆喝叫卖，大的一元一袋，小的五角一袋，生意不错。

镬糍，要选择质好色白的糯米作原料，米不白，镬糍卖相不好。制作时糯米用水淘洗后烧成饭。烧饭时水分要掌握好，要烧得不干不烂：干了塌不开，烂了粘铲刀。灶下用稻草烧火，边烧边用铲刀使劲地向镬子四边摊塌。烧和塌的技术性都很强：烧火要温匀，不能过猛；塌要塌得不厚不薄、四周均匀，太厚了吃起来泡不开，太薄了一泡就糊。烧火宜用稻柴，火头宜不弱不旺，火弱，塌出的镬糍生嫩，泡出来不香；火旺，塌出的镬糍老而焦黄，泡出来发僵。

第五章

地方特产

第一节　桐乡辣酱

清光绪《桐乡县志·物产》载："辣酱出桐乡城中。初造酱时，将辣茄用麻油煎沸、磨碎，筛匀，杂于面内，故得味。向以黄景山家所制为胜。"

桐乡辣酱，也称桐乡甜辣酱，作为传统著名特产，与杭白菊、槜李、小湖羊皮等齐名，有近三百年历史。桐乡辣酱以味道独特、辣甜兼备、馥香浓烈、色泽紫亮、保存方便而闻名于嘉杭湖沪。

桐乡辣酱声名鹊起，传说与乾隆皇帝下江南有关。一次，龙船

《桐乡民报》刊登的美味辣酱广告

经过桐乡。乾隆带了两个随从上岸，微服私访，时近中午，走进一户农家歇脚。农家夫妇见来者穿戴不俗，相貌不凡，以为是过路客商。农妇留他们吃饭，端上来一碗菠菜烧豆腐，上面浇了自制的甜面酱。皇帝用惯御膳，吃腻了山珍海味，尝到这碗菠菜烧豆腐，色艳、香浓、味美，而且咸淡正好，辛辣之中带点甜味，味道好极了。便向农妇打听菜名。农妇诙谐，就编了个菜名："红嘴绿鹦哥，金镶白玉嵌，是我家祖传大菜。"乾隆仔细一看，菠菜根红叶绿，豆腐白嫩，飘油金黄，觉得名副其实，于是继续发问："此菜何以如此鲜美？"农妇继续开玩笑："那全靠上面那朵'玛瑙紫酱盖'了！"乾隆记在心里。

南巡回来，乾隆想起了桐乡那道佳肴，就传旨在御膳中加一道"红嘴绿鹦哥，金镶白玉嵌"。御厨虽然个个厨艺高超，却不知御旨所指何物。好不容易从乾隆的侍从处获得缘由，遂烹调好一碗菠菜烧豆腐呈上。乾隆一品，味道不鲜。仔细一看，少了那"玛瑙紫酱盖"。御厨再去打听，才知道这是桐乡出的辣酱。乾隆年间，桐乡辣酱被选为贡品，声名大震。

清末，泰顺籍老板杭长盛到桐乡城里南门直街中段开办杭长盛酱园，并请来两位师傅，专门研制"桐乡辣酱"，不到十年，成为桐乡最大酱园。

桐乡辣酱选料考究，采用当年新面粉酱和三年以上陈油辣末为主料，添加适量麻油、花椒等，经石磨碾磨而成。

新面粉酱为当年白面粉，加水和面，做成大面糕，寸把厚。蒸笼用毛竹编造，每层摊一块布，一层放一块面糕。大灶上，一镬上叠五六层蒸笼，顶层加盖，隔水蒸。做面糕关键是面要和透；蒸面糕关键在于火候。不熟不行，太熟不好，要恰到好处，以熟而不透为宜。蒸面糕的每个阶段，用文火、烈火、平火都有讲究。为此，酱园的柴间都很宽敞，软柴、硬柴、梗子柴一应齐全，四季备用。烧火人必须根据制酱师傅口令，选用合适柴火。

面糕出笼，趁热切成一寸见方，均匀抛满蚕匾，推入三脚匾架。一架十匾，在常温下自然发酵。数日后面糕发出花毛，花毛以黄褐色最佳，绿褐色其次，白色较差，黑色最差。

《桐乡民报》刊登的利盛酱园桐乡辣酱广告

此时，在露天晒场上，一口口七石缸内早已配置好半缸盐水。拣一个大晴天，工人们两个一搭档，将一匾匾花毛面糕倒入缸中。浸泡—搅拌—曝晒，太阳越猛越好。一般日晒不敢夜露，若能断定是夜无雨，则日晒夜露更佳。傍晚和雨前，盖酱缸是酱作工人一大任务，不可懈怠，尤其是夏季阵雨。酱园有规矩，此等时候，无论男女老少，无须命令，不用招呼都要放下手中活计，直奔晒场，抢盖酱缸。特别在酱晒得有点透红之后，如果进了雨水，就会生虫生蛆，势必影响质量，甚至报废。酱经过日晒—搅拌—日晒，几番之后，逐渐透出淡黄，继而淡红，红而带黑，红黑转紫，最终成为名副其实的紫酱色，状如胶态。

陈油辣末也是制作桐乡辣酱的主料，需存放三年以上。当达到无腥、味醇、辣而不烈的程度时，方可使用。三年以上，意为至少三年而非越陈越好。超过五年的陈油辣末，醇味已散，不能再用。

新面粉与陈油辣末按比例配合，添适量红辣茄和花椒，一起用石磨人工推磨两遍，使辣酱呈胶态糊状。如发现尚有团粒结构，需复磨第三遍，甚至第四遍，该批辣酱才算完工。

民国22年（1933），丁梓堂在南门直街开张丁永大酱园，又在星桥弄新建酱作坊，扩大生产规模，不断听取客户反映的意见，认真总结经验，继续提高辣酱品质，刻意提升名牌效应。

丁永大酱园生产的桐乡辣酱，一律用陶罐包装。陶罐由宜兴窑厂特制，陶罐外底烧印"桐乡辣酱"四字。分半斤装、一斤装、两斤装三种规格，均为敞口圆柱形。辣酱装进罐内，罐口先罩一张油光纸，再复一张招牌纸，然后用双色纸线沿罐口螺纹扎牢捻紧，不打结。油光纸有防渗作用；招牌纸既使包装美观，更具宣传功能，正方形，分红、绿、橙、黄四种颜色。中间都盖上黑色粗圈粗体字圆章，上刻"桐乡丁永大酱园出品"。其中以红色招牌纸并用红白双股纸线扎口的代表甜辣酱，名气最响，销量最大。

丁永大酱园批发外埠的桐乡辣酱都走水路，以防颠覆。出县以及运往乌镇、炉头、宗扬庙，都托快班船代运。本县濮院、毛家渡、屠甸、古店桥、日晖桥、秦皇庙以及崇德县灵安镇等地，均由顾客自行解决运输问题，折扣从优。当年，桐乡及周边集镇上的餐厅面馆，冬季供应酥羊大面。如果再浇上桐乡辣酱，风味更是独特。

第二节　杭白菊

菊花最早的记载，为《礼记·月令》："季秋之月，……鞠有黄华。"说明三千年前的周朝，就有了菊花。作为观赏菊，菊花居我国十大名花之首。而杭白菊又因集药疗、饮用、观赏于一身，更为菊中上品，自古而今，芳名远播。杭白菊又是浙江省八大名药材"浙八味"之一。因其优良的治病保健功效而驰名中外，并载入历代诸家本草，被冠以"延寿客"的嘉名。

杭白菊有极高的药用价值，《本草纲目》中记述：菊能利五脉，调四肢，治头目风热，脑骨疼痛，养目血，去翳膜，主治风眩，能令头发不白等。常饮菊花茶，春暖去湿，夏暑解渴，秋日解燥，冬季清火，更能美容养颜、补血提神，增强生命活力，使人延缓衰老。民间历来有洗菊花浴、睡菊花枕的习惯。用菊花汤沐浴，能去痱爽身，嫩艳肌肤，给小孩睡菊枕，有防热疖、解疮毒之功。

菊花商业公会发起人代表名册

作为药用菊，《神农本草经》曾有记载："菊花，味苦平。主诸风，头眩、肿痛、目欲脱，泪出，皮肤死肌，恶风湿痹，久服利血气，轻身耐老延年。"

清末，杭白菊就大量出口海外。"杭白菊，冬苗、春叶、夏蕊、秋花，被受日月之精华，四时之灵气。常饮菊花茶，能散风清热，平肝明目，解毒消炎，耐老延年。"这是出口南洋时杭白菊包装上的文字介绍。

有关桐乡杭白菊的确切记录，始见于明末清初著名学者、农学家张履祥所著的《补农书》："甘菊性甘温，久服最有益。古人春食苗，夏食叶，秋食英，冬食根，有以也。每地稜头种一二株，取其花，可以减茶叶之半。茶性苦寒，与甘菊同泡，有相济之用。若种之成亩，其利视种豆自倍。吾里不种棉花，亦有以此为业者。但费采摘工夫，及适市贸易，耳目混乱耳。种植甚易，只要向阳脱水而无草，肥粪甚省。黄白二种，白者为胜。"由此可以确定，桐乡杭白菊有文字记载的历史在360年以上。

民国年间，桐乡杭白菊的产量并不高，据民国34年（1945）《桐乡年鉴》记载：栽种面积八百余亩，亩产干花四十斤，年产三百余担。

桐乡的自然条件优越，适宜菊花生长。杭白菊源于野生菊花，经芽变和人为选择逐步演变而成，在生育特性、形态特征和品质特点方面具有相对稳定性，是久负盛名的菊中珍品。

桐乡杭白菊，花瓣洁白如玉，花蕊灿如黄金，色香高雅，味甘性凉。民国20年（1931），在浙江省建设厅举办的农产品展览会上，获甲级产品称号。桐乡县城有茶菊庄20多家，掌柜大多为徽州人。菊花价格波动较大，质量好的，每担市价可卖到70元左右，质量达不到出口要求的，每担只能卖十几元、甚至几元。

第三节　槜李

　　桐乡一带古名槜李，地以果名。春秋时期，吴越两国在这一带交战，《春秋》曾记载，鲁定公十四年（前496），"五月，於越败吴于槜李"。民间还有传说，美女西施吃槜李而醉，故又名醉李。

　　民国26年（1937），屠甸画家朱梦仙在《槜李谱》中记述，"产李之中心区，曰槜李乡……里中所产之李，甘美绝伦，世罕其匹，即名槜李。"

　　槜李树高一般在三米左右，枝繁叶茂，性喜温湿肥沃。每年3月底4月初开花，花繁色白，一般于7月上旬果实成熟。

　　槜李果实硕大，色泽鲜艳，一颗一般为一两左右，最大的可达二两。有些果实上有一条呈指爪状的瘢痕，就是人们传说的"西施指痕"，当地人说槜李上有条指痕的，才是正宗槜李，所以这一条"爪痕"，也成了人们识别真假槜李的重要特征。

　　因槜李曾被列为朝廷贡

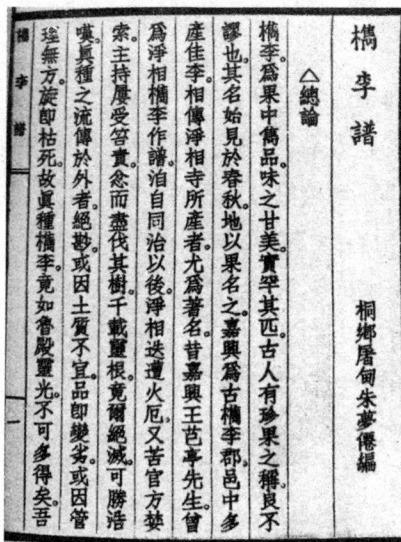

《槜李谱》书影

品，盛名传遍天下，成了文人墨客吟咏的题材。宋代张尧同、明代吴鹏、清初朱彝尊等文人雅士，都留下了赞美槜李的诗词。"闻说西施曾一掐，至今颗颗爪痕添""爪掐纤痕留颗颗，琼浆吸尽润诗喉""共传仙果美，爪掐尚留痕"等。

槜李栽培历史悠久，但由于水土的关系，种植地区受到限制，产量甚少。而最适宜槜李栽种的地方，就在县城东南十余里的桃园村一带。清朝宣统年间（1909—1911），桃园村家家都有种植，优质品种有潘园李、蜜李、夫人李、红美人李、白美人李、黄姑李、紫粉李等。

民国时期是槜李生产的鼎盛时代，民国22年（1933）《中国实业志》记载："桐乡潘园李和槜李获浙江省建设厅农产品甲级奖。"民国25年（1936），杨炳仁在《浙江各县农户调查》中记述："桐乡桃园头所产槜李最佳，种植区域颇大，李园有八九十个，占地约二百亩……每年产量三四百担。"

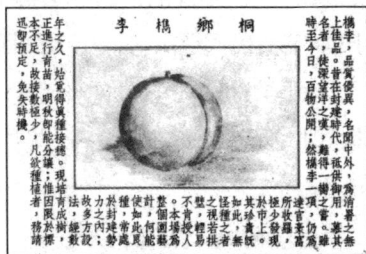

1936年《中央农场特刊》刊登槜李介绍

每到槜李采摘季节，经常有海宁、平湖等地的人们到桐乡桃园来买槜李，甚至还有杭州、上海的客人慕名而来。名果珍贵，价格当然也比其他水果为贵。清末，槜李销售价每市斤为一个银圆。以当时的物价作比较，这个价格是相当昂贵的。朱梦仙的《槜李谱》中也曾提到槜李的具体价格："槜李价值不定，丰熟之年，每市斤约四五角，小年每斤须一元，或竟至一元数角，尚有价而无货。"

若是丰产之年，当地农民便用竹篮盛装槜李，上市零卖，收入颇丰，所以当地村民把槜李树誉为"摇钱树"，"家有三棵槜李树，油盐酱醋不用愁。"

民国时期，每到槜李上市时节，梧桐镇上的一些水果店铺也有李子出售，挂的牌子也称"槜李"，但明白人都知道，这些李子大多不是桃园村出产的。

日寇入侵桐乡后，槜李生产遭到毁灭性的破坏，大树几乎被砍伐殆尽。抗战胜利后，农村经济萧条，槜李生产无法恢复。直到中华人民共和国成立后，特别是改革开放后，槜李种植才逐渐恢复。

民国20年（1931）《新农业》杂志
刊载成汝基撰"桐乡李之品种"（节选）

桐乡所产之李，隶属东洋系统。自栽植以来，越时已有300—400年之久，缘国人不重视李果，鲜有研究之者。古籍中间有片段之记载，然皆文人逸士咏词唱酬之资料耳。至于该地李之品种，性状及品质，皆未见有论及之者。前清光绪年间，修《桐乡县志》时，始载潘园李及槜李之原产地及两者之区别，此可为研究桐乡李之嚆矢，至民国十九年，有嘉兴俞斯健君赴该处调查，于同年间，在金陵大学与江苏农矿厅合作之江浙桃种调查录上附带发表。

余自民国十六年，入浙大农学院园艺肄业以来，对于果树，即加注意，当假期返里，道经长安、硖石等车站，常闻叫卖槜李或桐乡李之声，购食之余，知其品质卓越，不愧我浙名产，颇有研究价值；遂拟具表格，于民国十七年春，即着手作第一次概略之调查，至民国十九年夏，复作第二次有系统之调查，迄今仍分期作局部之调查，至今尚未全部结束，特将其品种先行发表，希望加以指正。

品种：

桐乡栽培之李，应属Prunns salicina Sindl，原产我国南方。依果皮及果肉之色泽，得分下记各种类及品种。

A.果皮紫色，果肉橙黄色　　　1.槜李

B.果皮果肉红色　　　1.红美人李　2.白美人李

C.果皮果肉淡黄色　　　1.黄果李　2.潘园李　3.夫人李

D.果皮红色果肉黄绿色　　　1.紫粉李

1.槜李，别名醉李、就李、醉里、隽里

现在分布概略：1.桐乡屠甸寺镇蒋家桥。2.桐乡屠甸寺镇香蜊浜。3.桐乡屠甸寺镇桃园头。4.嘉兴新滕镇栖圣寺。5.嘉兴余贤埭石燕村。6.嘉兴余贤埭曹王庙。7.嘉兴余贤埭陆家桥。8.嘉兴净相寺……

来历：槜李产嘉兴净相寺，始于春秋，自周迄唐，无人论及，至宋张尧同著《嘉禾百咏》，始有净相寺佳李诗，元《嘉禾志》中，载李日华《紫桃轩杂缀》有徐园槜李之说，明黄涛有《槜李城》诗，清初除钱牧斋《初学编》题咏槜李外，曹倦圃溶《静惕集》，朱竹垞彝尊《曝书亭集》，及李少园编辑之《槜李诗集》，均提及之。其时嘉兴郡志亦载于果属中。自宋以来，槜李备受骚人墨客之题咏。至今遂脍炙人口，遐迩闻名矣。

总说：槜李果实大，重约二两，品质优良，为李中之上品。树性徒长，有落果及隔年结果性，一部分雄蕊半退化。且有自花不受粉之特性，故槜李园中，宜于相当地点，植以可受粉品种，助其受粉，以利结实，贮藏力弱，宜栽于都市附近或交通便利之果园。

……

2.红美人李，别名美人李，因其核之周围格外鲜红，故名

总说：红美人李之分布甚广，嘉兴、桐乡、海宁各乡村，莫不产之。果形扁圆，品质尚佳，产量中庸，落果病亦盛。隔年结果性次于槜李，惟较耐运输贮藏。

3.白美人李

总说：白美人李形似前种而皮色水红故名，分布与前种同，果形微圆，品质更次，产量中庸，落果病极盛，隔年结果性次于前种，耐远运。

4.黄果李，别名黄姑李、角里堰李

总说：分布甚广，尤以角里堰地方，产生甚多，故有角里堰李之名，其形圆扁，市上往往以之混充槜李，以博高价，其实色泽较淡，果顶成球面状，与槜李完全不同，易于区别，其味亦有天壤之别，产量特丰，落果及隔年结果性均次于夫人李，故栽培甚多。

5.潘园李，别名雪李

总说：树性开张，直立，枝带紫绿色，生长不强，落果病最烈，有隔年结果性。

6.夫人李，别名富仁李、寿桃李

总说：分布甚广，产量丰，落果性中等，隔年结果性不烈。品质中庸，树性开张，直立，枝青黄色。

7.紫粉李，别名石灰李、胭脂李

总说：紫粉李品质低劣，尚似野生状态，分布甚广，产量极丰。次于黄果李，落果性极少，无隔年结果习性，果实组织甚坚，堪贮藏及远运，味带涩，宜制造，核可播种作砧木用。

民国24年（1935）《浙江省建设》
第6期刊载沈光熙撰"桐乡之槜李"

一、绪言

槜李见于春秋，地以国也。嘉兴为古槜李郡，多生佳李，唯郡中净相寺所产者，尤为特出。顾自周迄唐，未尝有人论及，至宋张尧同，始由净相佳李诗，明李日华《紫桃轩杂缀》有徐园槜李，于是槜李之名遂显。本年夏季，熙旅行桐乡，适值名产槜李成熟登市，承同学施国璋君之邀，同赴该邑产李最盛之屠甸乡一带参观，乘便调查，得其概略，述之于后，聊供有志研究者之参考。

二、原产地及风土

槜李原产于嘉兴之梅里、竹里，而以净相寺所产为最佳，更因土质关系，不能远移，故寺内之种，移植于寺外者，其味即逊，若远移别郡，果即变劣。橘逾淮而化枳，梅渡江而成杏，土宜使然也。

三、历史及分布

槜李之负盛名，已甚久远，而净相寺僧每苦当道婪索，甚或加以笞杖，寺僧愤而尽伐其树，故在逊清同治末年，净相寺槜李已无复存矣。真种之流传于外者，唯有桐乡屠甸而已，因赖土壤合宜，故所产果实与净相寺所产无稍差异焉。余如杭嘉甬里所产，因土质不合，其果实虽形状相似，味则悬殊也。

四、栽培区域及产额

产李区域，以桐乡屠甸区之桃源村为较广，其余香水浜、乌船浜、蒋家桥、御史坝、致和浜等各处，虽有栽培，但均为数不多。兹将其亩数、株数、产量、价值列表于后。

地名	栽培亩数（亩）	栽植株数（株）	产量（斤）	价值（元）
桃源村	25	1500	3750	1875
香水浜	8	480	1200	600
乌船村	9	540	1350	675
蒋家桥	4	240	600	300
御史坝	7	420	1050	525
致和浜	5	300	750	375
合计	58	3480	7800	4350

上表所列，槜李虽负盛名，每年产额仅八千七百斤，足证市肆所传槜李多系伪品。

五、品种及形状

槜李以真种日少，品种名称亦多失传，其树态及枝叶形状大都相似，亦以果实成熟之时期，分为早熟、中熟、晚熟三种。

1.早熟种，果实形状扁圆，皮色紫红，中杂细小不正之黄斑，并有金属光泽，肉质细密，浆汁极多，皮薄易于剥离，核扁圆形，六月中下旬成熟。

2.中熟种，果皮淡紫色，浆汁少，味淡而微酸，肉质疏松，果顶外突，形如球面，六月下旬至七月上旬成熟。

3.晚熟种，果实形状扁圆，皮面暗紫，有深黄色之斑点，肉富甘浆，味甘如怡，成熟较迟，在七月下旬成熟。

再嘉兴王苞亭净相寺《檇李谱》云："唐开通钱，有口后抓痕于背，净相寺李，有西施抓痕于面，粗细长短不一，至今犹存。"然他处檇李，间亦有之，即净相寺中，并不能颗颗皆有也。朱竹垞太史鸳湖棹歌云："闻说西施曾一掐，至今颗颗爪痕添"，今则已非昔比矣。

六、栽培法

檇李育苗，旧法多用压条，不合实用，现均用割接法，成活较易。砧木用野桃，易长大；用野李，树矮小，易于管理，故以李本为良。就地栽培者，多不举行整枝，仅将其枯冗之枝每年删去一次，肥料大都均于冬季施以堆肥，倘能施以磷酸加里成分较多之肥料，则果实自可格外甘美肥大。

七、病虫害

果有黑腐病，传染甚速；树有药膏病，其害甚烈；害叶者有蚜虫，害果者有象鼻虫，蚜虫多时，树竟能致死。

八、果实之处理及贩卖

檇李成熟之后，肉即化浆，不宜远运，故运往外埠者，采摘务宜稍生，视皮色有红晕而未十分成熟者，轻轻摘下，贮之竹篮，亲以蕉叶，使空气流通，能逾一二星期不坏。贩卖区域多在硖石、嘉兴、濮院、平湖一带，因产量甚少，沪杭市上，绝未见有桐乡真正檇李，所有者只伪品耳。

九、衰落原因及改进意见

民国初年，丝茧昂贵，桐乡为蚕桑繁盛之区，李之收入，不若桑叶之丰，故多砍去李树，而改植桑树，实为衰落之重大原因；更以种植李树者，亦均墨守成法，不事改良，以致日益衰颓，至为可惜。改进之方，宜在附近土壤相宜之地，辟园种植，育成优良苗木，推广栽植区域，讲求整枝摘果方法，注意施肥种类，俾得使果实品质改进而产量增多。

总之，檇李在果类中，确有优越之地位，只以每年所产不多，以致供不应求；良以果实甘美，名闻遐迩故也。倘能广为育苗，扩大栽植区域，增加产额，推销外埠，定能为浙江名产放一异彩也。

第四节　范烟

晒红烟自福建漳州传入桐乡，已有四百多年的历史。它是梧桐镇一宗名扬海内外的特产。它的主要产地在梧桐镇东门外至永兴港的范家埭一带，所以称之为"范烟"。

范烟因叶大如扇，故有"蒲扇种"的美誉，叶片较厚，色泽红亮，质地柔韧，油分丰润，是众多烟叶品种中属上乘的一种。因烟叶晒制后成片状，所以人们称之为烟片。

民国时期，梧桐镇东门外一带，旱地与水田各半，旱地土质肥沃、松软，腐植质多，而且不易水淹，即便遇到连绵黄梅雨，土壤也不会积水。加上桐乡地区气候四季分明，雨水均匀，非常适宜烟片生长。范家埭四周的农民在农事方面以种田为主，经济收入除了出售蚕茧之外，其他收入来源就是出售烟片、麻皮、柏子和蔬菜，其中烟片收入是仅次于蚕茧。

种植烟片很辛苦，每年寒冬降临，烟农就会结伴摇船到镇上，寻找瓦砾垃圾堆，他们带着铁耙、竹筛，把一堆堆瓦砾垃圾扒在一起，用竹筛筛出瓦片碎砖，留下乌黑肥沃的碎泥屑，再运回家，然后在田间做成宽约一米半、长度不限的烟秧垄头。为什么一定要铺上垃圾泥呢？因为垃圾泥松软、酥碎，便于移植烟秧。清明前，播下烟种，几场春雨过后，烟种发芽，但是与烟片一起长出的还有诸多杂草，此时，烟农会拿来两米左右的木板，架在烟垄上，用镊子夹起刚出土的杂草。随着天气转暖，泼过几次清水粪后，烟秧开始疯长，因此烟农借除草之机，也把长得过密的烟秧拔掉，使烟秧保持一定的密度，便以生长。立夏前后，要及时移植到大片烟地中，并要加强管理，除了除草、施肥，特别要多次培土，因为培土可以使烟秧生根，不易被风吹倒。烟片虽然味辣，但有一种青虫爱噬烟叶，过去没有农药，除虫全凭肉眼观察，手工捉掉，后来即使有了农药，也是尽量少用或不用。农药的残留程度高了，会影响烟片的质量与价格。

烟片的收获季节是在出梅之后，当时盛夏到来，雨水稀少，阳光十分炽烈，烟农在太阳下山前采下一担担烟片，黄昏时分及时用烟夹①夹起，用毛竹签穿过两扇烟夹，使之夹紧稳固，白天曝晒。很快，烟叶被烈日晒烤成暗红色。

将晒干的烟片从烟夹上取下来，整整齐齐地叠好，也有用石板压挺的。桐乡各地的晒红烟种品种杂乱，叶片大小不齐，产量高低不一，品种优劣悬殊，品种有督叶尖杆、蒲扇种、大叶红种、畚斗种等，但范家埭一带种植的烟片质量一直稳定，每株烟秧一般留叶十四张后打顶，当地烟农称为"三皮四脚七顶叶"，亩产在180斤左右。

范烟是中国的名晒烟之一，1996年版《桐乡县志》记载：范烟曾远销埃及、马里、几内亚、科威特、德国、菲律宾等国家和港澳地区，在国内销至辽宁、黑龙江、广东、福建等省。

民国时，梧桐镇北港朱兴昌商号是桐乡最大的烟行，专门收购烟片，一担烟片的价格可以卖到七八个银圆，而一担上等范烟可卖到十个银圆。

民国年间，桐乡的晒红烟几经兴衰，据1996年版《桐乡县志》载：民国11年（1922）桐乡县烟叶产量5700担，范家埭出产的范烟占四分之一以上。民国25年（1936），桐乡年产量达到七万担以上，同年出口国外1082吨。日本人侵占桐乡后，经济凋敝，晒红烟种植受到破坏，范烟的产量和质量都大幅下降，出口停滞，生产一

① 烟夹：长方形竹制品，专门用来夹晒烟叶。

落千丈，产量一度下降到不到一万担。民国28年至34年（1939—1945），一担范烟卖不到五个银圆。

烟农种植烟片，大部分销售，少部分自留。过去，男子大多喜欢"敲潮烟"，少数女人爱吸水烟，而范烟制成的烟丝油分足，弹性强，色泽丰润，香味浓郁，所以到刨烟作坊加工成烟丝，用以自用，此习惯一直沿袭到20世纪末。

第五章　地方特产

第五节　桑剪

桐乡是典型的蚕桑产区，桑剪是农村家家户户必备的农具。清代诗人邓显鹤有一首题为《桑剪》的诗："金剪风前素手持，两锋交处叶参差。年年剪尽江南绿，满贮筠篮总是丝。"

桐乡桑剪历史悠久，明代宋应星在《天工开物》中记载："凡取叶必用剪，铁剪出嘉郡桐乡者最犀利，他乡未得其利。"桐乡桑剪被蚕农誉为"叶里飞"。明末清初，归安涟川（今湖州南浔区练市镇）沈氏著《沈氏农书》，书中记载："桑剪，须在石门镇买，五分一把。"由此可见桐乡桑剪最有名，在周边农村需求很大。

明清时期，桐乡桑剪已畅销域外，梧桐、屠甸、石门镇的铁铺均能够生产桐乡桑剪，民国时期由于丝业兴盛，尤其是20世纪20年代，养蚕业飞速发展，有"金戒指挂满桑枝"的说法，农民皆以种桑养蚕为业，桑剪需求更是与日俱增，其中以梧桐镇南门直街的张福安、张顺安兄弟出产的桑剪质量最佳。

桐乡桑剪的外形，俗称"白果头、花瓶壶、扯旗盘"，即头部像白果，捏手处又好似花瓶，剪刀脚部呈螺丝形，似一面卷起的小旗。农民用来剪桑，既轻便又快捷，桑剪若长时间使用，也不会导致手掌因摩擦而起泡，一把桑剪一般可以用上七八年。

桐乡桑剪选用材料讲究，加工工艺精湛，制作过程从"红炉"到"冷作"，有二三十道工序，尤其是桑剪手柄需要反复敲打至光滑顺畅，刀刃要用磨刀石反复打磨才能锐利无比。一把桑剪，选料精良，钢铁分明，刃口锋利，小巧玲珑。

除了桑剪之外，桐乡还生产接桑刀。接桑刀为嫁接小桑苗的必备工具，似弯形小刀，正面有斜口，刀口很锋利。用桐乡桑剪和接桑刀来接种桑树，桑条平整，不开裂，扦插后存活率高。

第五章　地方特产

第六节　柏子

柏子，即乌桕的种子，又称乌茶子，可入药，常用于治疗疥疮、湿疹、皮肤皲裂、水肿、便秘等。

乌桕树是从前桐乡一带常见的落叶乔木，有两个品种，一种是经过嫁接的，称家桕，一种是自然生长的，称野桕。家桕结出的柏子，色白粒大，野桕结出的柏子，粒小，色泽也要差。野桕含油量低，所以售价也相对较低。

出售乌桕子原是桐乡农民的一项收入，因为它是蜡烛的原料，在工业上也具有较高的应用价值。

乌桕适宜生长在肥沃湿润的土壤中，对酸性、钙质土、盐碱土均能适应。主根发达，抗风力强，耐水湿。年平均温度15℃以上，年降雨量750毫米以上地区都可生长。对土壤适应性较强，低山丘陵黏质红壤、山地红黄壤也能生长。

桕树夏天开花，花是黄色的，一条条从绿叶间垂下来，像流苏，很漂亮。柏子外面包着一层白色的脂肪，俗称"柏脂"，它是制造肥皂和蜡烛的原料，柏子里的柏仁可以榨油。一到深秋，乌桕树的叶子变成红色，吹落下来掉在水沟里，水就变成黑色，从前，有些农民常用这种黑水来染土布。

清代时，桐乡有一个景点：溏泺红叶。溏泺即溏泺庵，后写作花度庵，在南门外花度庵自然村。清光绪《桐乡县志》载："县南张荡有庵曰溏泺。"红叶，指桕树叶，深秋，桕树叶呈火红之色，与枫叶极相似，前人有"彩霞柏叶相映红，傲霜柏树笑秋风"的诗句。"溽沱红叶"成为桐乡一景，可见柏树成林，风景殊异。

除了南门外有大片乌柏树，东门外的北孟庙一带也多柏树，北孟庙西北是北荡田，西南是南荡田，面积均在千亩上下。民国期间，北荡和南荡一带地多田少，旱地上是大片的乌柏林。

秋末冬初是柏子的收获季节。乌柏树上的叶子已基本脱落，只剩下一串串柏子，柏壳也由青变黑，裂开口子的柏壳掉下后，只留下洁白的柏子，放眼望去，一片雪白，柏树上仿佛开满了一束束洁白的绣球花。这时农民便开始采摘柏子。

采摘方法一般有两种：低矮的乌柏树，人们只需站在地上就可以把柏子摘下来，遇到高大的乌柏树，得用特制的柏钩（一种在竹竿上装铁钩的工具），把一串串柏子绞摘下来。

柏子采摘后，农户把柏子装上船，到梧桐镇上出售。

柏子没有专门的交易商行，一般都由烟行收购，烟行除收购晒红烟外，兼收购柏子、菊花、麻皮等农产品。梧桐镇上最大的烟行是北港的朱信昌号，每到农产品收购季节，北港河里停满了大大小小的船只。

商行收购柏子，都是当场结算货款。一担柏子的价钱略低于一担烟片的价钱，为五六个银圆。

柏子大多被运到濮院西河头的徐云源油车行。柏子熬成柏油，装入木桶，再运至嘉兴、上海等大码头。抗战胜利后，上海闵行化工厂把柏油试制成润滑油，卖出了大价钱。

民国时期，不少萧山人因钱塘江岸坍塘，江水侵袭了大片农田，逃难到桐乡一带，当时北荡、南荡一带的土地大部分为大地主李咏豪所有，他觉得柏子的价钱不及烟片，于是雇用这些难民砍掉柏树，改种烟片。

第七节　朱德大雨伞

　　朱德大商号创办人姓朱，人称"朱翁"，原籍海盐，以制伞修伞为业。

　　清咸丰年间，朱氏夫妻迁居梧桐镇，开始时挑一副修伞担走街串巷，后来自制雨伞出售。因为朱翁对传统的制伞技艺进行了改进，质量上乘，逐渐有了名气。到光绪年间，便在南门直街租屋开设作坊，店号"朱德大"，晒伞的场地被称为"伞白场"。

　　"朱德大"所产油纸雨伞，以质量优良闻名杭嘉湖一带。据说曾有人撑伞从城墙上往下跳，竟人伞无恙，故称其为"保险伞"，农民又夸其能"撞断桑条头"，即在桑园小道撑伞而行，若与桑枝相碰，桑枝断而伞无损。所以过往客商以捎带"朱德大"雨伞为乐事，曾有南京一带客商，有慕名而为亲友捎购一二十把之多者。"朱德大"伞店最盛时，雇有工人20余人，年产雨伞3万余把。

　　朱翁制伞以重质量、创名牌为原则。雨伞的竹骨定购于余杭山区，要求选用冬竹，竹骨厚薄均匀，无虫蛀和碎骨。串联伞骨的棕线，采用加捻棕线。竹骨大小撑连接处都与槽门紧密结合，使用时竹骨不致脱槽或戳破纸面。伞纸选用於潜优质白棉纸，层层以柿漆裱粘，裱一层晒一次，最后髹以上等白桐油，裱粘扎实，涂油深透而均匀。伞机（伞开关）松紧适中，伞柄牢固稳扎，伞头子坚固耐用。所以"朱德大"雨伞的质量可概括为"抗水性强，制作精工，用料严谨"三大优点，其最长使用期竟能达四五十年。

"朱德大"雨伞规格主要分大直圆、中直圆、小直圆和脚划船上用的温样伞四种。后来进口洋伞出现后，"朱德大"改进式样，生产过一批铜头、铜弯柄的雨伞，名之为"文明伞"。所产雨伞都打有"桐乡朱德大"黑字印记。由于生产时质量环环扣紧，杜绝次品，所以到"朱德大"伞店购买雨伞有"无须挑拣"的美誉。客户使用时不慎损坏，则可送回店中修理。

　　抗日战争时期，"朱德大"伞店被迫歇业，直到 1950 年，以"德大有记"为店号，按传统工艺方式，恢复生产。

第六章

水陆交通 电信邮政

第一节　汽车站

民国24年（1935），浙江省政府以工代赈，修筑杭州至嘉善公路，称"杭善公路"，途经桐乡。次年11月13日竣工。

杭善公路在桐乡东郊筑有两条支道，一条从东岳庙向北到东门外的更楼，不足半里；另一条从北港东端的木行向西，经现在的文昌路，到北港西端徐宅门前，约一里。杭善公路干道不宽，支道更窄，勉强能供一辆汽车单向行驶，平时只供行人和板车通过。

因为嘉善到上海的公路先前就通，所以从杭州到上海的杭申公路只要筑到嘉善就可以了。由于桐乡境内河流多，因此公路桥也造得多。造桥用料是从南洋装来的洋松段，桐乡境内的南门桥和东门桥都是三孔大桥。造桥的师傅是从嘉兴请来的，住在邵家桥附近的居民家里，路筑得勿宽，两辆车对向通过要慢行，路基也较差，碎砖碎瓦都用上。路面是碎石子，晴天车子开来，会扬起尘土。这条路从崇德县过来，经天荒荡、灵安、茶家兜，到了睦墩桥折向北，上南门大桥，向北过东门洋桥，再经五里亭、浮石桥，到濮院。

民国25年（1936）底，杭州派人来桐乡选址造汽车站，最终选定在东岳庙与槿树园的中间。说是汽车站，其实非常简陋，一间朝东平屋，一个大廊棚。汽车站只有两个人，一个站长，一个员工。

汽车客运生意并不好，毕竟刚开通营运，桐乡人还不习惯，多数人仍喜欢乘轮船。

东门外一名胡姓生意人，抢先在站台北侧，雇人搭了一间茅屋，卖起了茶叶蛋、南瓜子、茶水。因为旅客不多，生意也不好，但胡老板脑子灵活，卖起了夜茶。火油灯高悬，引来了闲来无事的居民，附近电厂的工人，晚上没地方去消遣，都到茶摊上吃茶，胡老板卖茶的同时，也稍带卖茶叶蛋、瓜子和糕饼，生意慢慢好起来。

民国26年（1937），时局紧张。因战备需要，由省政府拨款，赶修桐乡至海宁的简易公路，以备战时通行人马物资。桐乡的起点在东岳庙前，与杭善公路衔接。是年7月，抗战爆发，年底，日军占领了县城，刚筑好的公路被日军占用，客运停止。

日军占领桐乡县城的第二天，驻扎在北港崇实小学内的日本兵，荷枪实弹来到汽车站，在站房上浇了汽油，一阵排火枪，熊熊大火烧了半天，刚刚建造的汽车站被烧了个精光。

到民国34年（1945）日本投降时，公路还处于荒废状态。中华人民共和国成立后，杭善公路嘉兴至桐乡段恢复通车，由商办苏嘉湖汽车公司经营客运业务。客车从嘉兴方向开来，在木行头外向右拐入支道，停在徐宅门前的白场上，算是到了桐乡站。

第二节　航船　脚划船　小火轮

　　旧时梧桐镇上有句顺口溜："南柴北米东小菜，要打官司西门来"，可见梧桐镇商贸区主要集中在北门、东门的鱼行街、北港街和东南街一带。

　　鱼行汇是镇上最繁华的地段，自鱼行汇向东延伸到小东门，两侧商铺林立，郑泰和百货、石信成银楼、尹顺昌绸布、仁济国药、吴甡瓷席、利盛酱园、义大成糕饼、钟家酒菜、元隆茂茶叶、沈同义南货等等，有实力的商家都在这条街上开设店铺。东南街在小东门外，有150多米长，有丁永大酱园、郑肇生染坊、陈恭谨茶馆、姜芝芬酒店、沈金记鱼行、吴保大茶叶、朱元勋豆腐店、葛九娜水果店。北港街在北港河北岸，主要是镇上大户朱氏家族开设的店铺，收购粮食、蚕茧、络麻、烟叶、菊花等农副产品。铺面房屋高大，店前建有廊屋，沿河都是石帮岸、石栏杆，每个商号前的河岸边筑有马鞍河埠，便于装卸货物。

　　北港河东连丁家桥港，西接康泾塘，是镇区内最主要的河道。自东水门进镇有汇龙桥、星桥、育婴堂桥、学桥，通过大树弄、星桥弄、西帮岸等连接南北两岸的街道。这里是当时航船的集散地。

　　航船既可以载人，也可以载物，是乡村与集镇，集镇与集镇之间人员往来，货物调运的主要载体。那时，根据航船大小和用途不同，可分乡村航船、航快船、脚划船和小火轮。

《桐乡民报》刊登的汽轮船时间表

乡村航船要比一般的田庄船略大，船底圆平，船体十分稳定，便于装卸货物和乘客上下。前舱中舱通连，舱底用木板铺平，船舱两边搭有拆卸式坐板，方便乘客就座，中间可堆放货物。舱卜搭有船棚，上遮芦扉，可防日晒雨淋。船家俗称航船户。航船把农副产品运往镇上出售，再从镇上捎回各种生产资料和日常用品。开船后，一人在船尾摇橹，乘客也会轮流帮着拉绷，一人在船头撑篙。

除了几个大镇的航船有开船时间，乡村航船没有固定的出航时间，而是根据季节变化、农事闲忙、村民需求来确定日期。农闲时多开，农忙时节、下雨天停开。农忙前，村民需要购买日常生活用品和生产资料，农忙结束后，农副产品需要出售，航船要多开。过年前，村民要购买各种年货，航船天天开。要上街或装货应市的村民只要事先与航船户打个招呼便可搭乘或载货。开航前，"呠呜——呠呜——"航船户连吹几声海螺，告诉村民航船就要出航了。村民听到海螺声，来到船埠头乘船。乡村航船一般是早晨开船，午后回村。

位于梧桐镇东南约5里的麦干浜是个大村坊，由浜南、蔡家里、沈家里、高家里、庄家里、朱家里等小村落组成，民国时期有近百户人家。村上的土地，水田旱地各半，村民的经济来源靠种植水稻等粮食作物和桑树、乌桕、络麻、烟叶、菊花等经济作物，家家户户都养猪羊。以前，村上一直有航船往返于村镇之间。航船户蔡子全，头脑活络，人头熟，人脉广，对进出货物的分量、金额都清清楚楚地记在"巾折"（折叠式记事本）上，与人结账时分文不差，因而赢得村民和商家的信任。

航船户对乘客只收少量的船钿，如果乘客帮着摇橹、拉绷，就不再收费。对捎带农副产品要收取一定的费用，帮村民捎回日常生活生产用品，也不收劳务费，所捎的每件商品，商家都会标明分量、价钱。航船回村后，只要到船埠头付钱领货就是。

航船户是镇上商家的财神爷，航船一摇到北港河畔的河埠头时，年轻伙计就会到航船里，帮着把农副产品搬运到商行里。商行经理一一验货、喝价、过磅、记账，航船户可在办好其他捎购物品后，再去结账。商家为了笼络航船户，年终时，会根据各航船交售货物的多少，送上一个数额不菲的红包。

脚划船，船身狭长，中舱稍宽，船底平，船舱浅，中舱遮着环棚，以载客为主，一般可乘三五人，有时兼运货物。船员一人，坐在后艄手脚并用。脚划船行速较快，每小时三四公里，是以前医生出诊或办急事者首选的交通工具。当时，梧桐镇上有二十多条脚划船，分别停泊在平桥头、夏家浜、楼门桥和东门外一带水域。其中以丁阿康脚划船最有名。他们经营灵活，随叫随到，运费根据路途远近、货物多少，双方面议，船到目的地付款。由于脚划船没有固定的往返路线，一般都是单向载客，所以收费较高。

小火轮是镇上唯一机动的客运工具，行船速度快。抗战胜利后，梧桐镇上首次出现的机动客运船是万顺轮。它是在航快船上安装机器后改装而成的，先是烧柴，后改为烧柴油。早上从梧桐开往嘉兴，下午从嘉兴开回梧桐，每天一班。

然而乘坐这些客轮，舒适程度极差，民国36年（1947）11月22日《桐乡民报》载文："本县交通情况实在不太便捷，嘉桐公路破坏了，没有修复，对本县的陆路交通单靠两条腿，而且目前所赖以代步的只有几条机器船，类乎轮船的机器船都是绍兴快班船改装的，本地人乘快班船，一句俗话叫吃绍兴官司。因为乘船的旅客坐在舱里，必须驼着背，促着膝，一点没有舒服的可能，这样坐上几个小时，的确有点难受。"

这些从事运输的船只，除了乡村航船晚上回到自己村坊外，其他航快船、脚划船晚上大都停靠在北港河的各个河埠上，小火轮在北门外有专门的停靠码头。每个航快船团队在镇上还设有办事处，负责接洽镇上各商家的运输业务，如张五四航快船的业务联络处就设在东南街葛九娜水果店隔壁。

运输行业，虽然不直接参与商品交易，却是乡镇、集镇之间货物流通必不可少的主要载体，与一个集镇的商贸兴衰息息相关。

1935年《嘉区汇览》刊登桐乡轮船时刻表

第三节　航快船

航快船，船体狭长，船头尖，船艄翘，船舱上搭有用竹篾编织的环棚，艄上安装两橹。主要往来于两市镇之间，以调运货物为主，也带乘客和传递邮件。这些摇航快船的人大多数是绍兴人，有的已在本镇落户。他们都是身强力壮、吃苦耐劳的壮年人。摇船时，两橹加拉纤，行驶速度很快。民国时期，往返梧桐镇与嘉兴之间的有陆阿堂和王子昌航快船，隔一天一个来回。朱信昌商行收购的络麻、烟叶、蚕茧、小湖羊皮等农副产品都由陆阿堂、王子昌的航快船运往嘉兴。冯广山航快船和张五四航快船，往返乌镇，隔一天一个来回。还有与石门、濮院、崇福、屠甸等镇之间的，有陆阿堂之弟陆阿华等航快船，他们一般根据两镇商号托运货物的多少，每天往返一次或隔一天往返一次。有的航快船经济实力较强，船主自己当老板，联系业务接货单，雇用伙计摇航快船。有的航快船经济实力较弱，船主自己带班摇船。航快船运货一般都是老客户，所运货物当场记账，一个月与各托运商行结一次账。

民国时期，长期固定往来于梧桐和乌镇的航快船有两只，以张五四的航快船最为有名。

张五四祖籍绍兴，生得高大威武，膂力过人，声如洪钟。他大概是在民国20年（1931）时拖儿带女到桐乡从事航船生意的，在东南街更楼头租一间房子，成了他的落脚点，还雇了两个伙计，隔日开一趟乌镇。他的航快船是一艘五吨木船，尖头双舱，舱上装有乌篷，可以前后推动，晴天遮阳，雨天遮雨，无论载人载物都较便捷。后舱摆放着炊具和行李。船尾有双橹，一大一小，大橹主速度，小橹主航向。

当时从桐乡运往乌镇的，主要是黄豆。各米店将黄豆装袋后由张五四航快船托运到乌镇集市，赚取差价。航船从早晨七点出发，两人摇橹，一人背纤，途经新板桥、宗扬庙，在炉头稍作停顿，顺便接纳要去乌镇的人和货。将近中午，便到达乌镇。中饭后，卸货上市。下午，张五四肩背布袋，手提竹篮，布袋和竹篮上写着"桐乡乌镇航快"六个字，一路吆喝着走街串巷，联系明日运往桐乡的货物。等货装落船中，已是日落时分，便在船上生火烧晚饭，晚上挤在后舱睡觉。第二天早上，便返航回桐乡。航快船从乌镇带来的货物主要是大米和白酒。这些货物基本上都是上一天桐乡的米店和酱酒店老板提前关照的。因为乌镇是杭嘉湖地区有名的米市，三白酒也是乌镇的特产，梧桐镇上的酒店批发三白酒，一般是三瓯五瓯，也有许多市民拿着大东洋瓶托张五四捎带。张五四为人直率，讲究信誉，童叟无欺，收费合理，所以深受顾客信赖。

张五四的航快船停泊在羊行头，中午，候着张五四的航快船大概到岸的时间，米店和酒店老板便联系脚夫前去搬运，"脚班"搬运也要收费的，从羊行头运到东南街，一瓯酒或一担米的运费在一角左右。"脚班"头头一般都在北港街朱信昌隔壁的茶馆里喝茶，接到生意，便指派脚夫去羊行头搬运。脚夫居住地称"脚班门"，中华人民共和国成立后改称"甲班门"，在现在体育馆的南边。下午，货物搬空后，张五四又走街串巷吆喝一番，联系货物装船，准备着第二天早上启航乌镇。

酒和米基本上都是从乌镇运来的，不过，乌镇运来的都是糙米，还须到米厂加工成白米，或放在草囤中蒸成"冬爽米"，然后出售，这也成就了钟家馆的一道桐乡美食——"冬爽米饭猪头肉"。

张五四为了一家六口人的生计，就这样日复一日地穿梭于两地，辛苦自不必说。民国时期，社会不安定，路上还会遇到土匪和强盗。所以，航船行到荒凉之处，张五四总是手执铁篙，站立船头，以防不测。好在"盗亦有道"，盗匪一般不对本地人下手，特别是看到张五四那高大威武的身影，让他三分。

日本人占领桐乡、乌镇后，张五四的日子不好过了，张五四的航船停在乌镇水栅门，站岗的日本兵总要以"检查"为名，把货物乱翻一气，弄得乱七八糟。张五四无奈，每次用两包香烟，请其"高抬贵手"。有一次，他看到站岗的日本兵在打瞌睡，便想悄悄溜过去，谁知这个日本兵是假寐，见张五四想悄悄溜过去，便跳起身，一把抓住张五四，"啪啪"两记耳光。张五四是个血性汉子，哪受得了这等侮辱！他怒视日本兵，伸手回敬了两记耳光。这下日本兵恼羞成怒，举着上了刺刀的枪就向张五四戳来。张五四一闪身，刺刀刚好从腋下穿过。他用臂夹住刺刀，双手抓住枪杆，欲把枪夺过来。论力气，张五四绝对占上风，但因枪的背带挠在对方臂上，所以久持不下。张五四情急智生，飞起一脚踢中日本兵的睾丸，日本兵大叫一声倒下，张五四拿起枪，对准日本兵就是一刺刀。事后，日本兵严查此事，但周边的人为了掩护张五四，都说是62师的人干的。日本兵无奈，只好作罢，张五四总算逃过一劫。

第四节　电信

清末民初，社会动荡不安，许多老字号商铺因经营不善而歇业，同时随着新技术出现，涌现出一些新行业，如电报、电话。

桐乡申报局创立于清光绪三十四年（1908），为三等乙级局，局址在北门平桥堍。民国13年（1924），浙西长途电话局在桐乡开设分局，附于电报局内，由电报局领班兼任分局长，有司机生2人。民国17年（1928），浙江长途电话局桐乡分局成立，局址在东大街张国元铜匠铺内。民国36年（1947），桐乡县乡村电话管理所成立，设在县政府内。民国37年（1948），硖石电信局在桐乡设立电信代办所，办理长途电话和话传电报业务。

电报局开设之初，有桐乡至嘉兴电报干线31.7公里，至长安干线33.4公里。

浙西长途电话局桐乡分局开通桐乡至长安、桐乡至嘉兴长途电话，线路附加在电报干线上。同时，经长安中转可通杭州。民国26年（1937），日军入侵，有线电报线路被毁，电报和长途电话均中断。民国36年（1947），桐乡长途电话通过桐乡至硖石的线路，由硖石私营捷利电话公司接转。同年，桐乡县乡村电话管理所架设至各乡镇的电话线13条，计98.5公里，桐乡可与16个乡镇通话。民国37年（1948），桐乡开办由硖石电信局所辖的电信代办所，同时终止与原硖石私营捷利电话公司的接转业务。桐乡的电报文字由代办所译成电码，用电话传至硖石电信局转发。

梧桐古镇商贸旧事

桐乡电报局开办之初，使用莫尔斯人工电报机通报。当时电报资费较高，且桐乡商旅不盛，故业务不多。当时的电报业务分官报和商报两种，每种又有普通与加急、明码与密码、中文与外文之分，资费、报送时限各不相同。民国11年（1922）6月至次年6月，桐乡电报局来官报35次3758字，去官报无；来商报180次2731字，去商报134次2681字。年总收入290.56元，总支出1622元，亏损1331.44元。

民国13年（1924），浙西长途电话局桐乡分局开办长途电话业务，用户多为工商业户。这年3月，桐乡分局来话89次，转接391次。民国26年（1937），桐乡分局停办，业务终止。抗战胜利后硤石电信局在桐乡设电信代办所，接转长途电话。长途电话通话费：硤石叫号2.5万元，叫人4万元；杭州叫号5.5万元，叫人8.5万元；上海叫号12万元，叫人18万元。桐乡县乡村电话管理所设有30门磁石交换机1台，共有话机12架，在东门、南门设零售处，办理电话业务。桐乡城区的市话用户多为政府各重要机关团体，商号和住户装机者寥寥。

第五节　邮政

桐乡设县后，即有驿铺。明朝定制十里一铺，铺屋三楹，傍有两廊，中建邮亭。全县立四铺，城关有县前急递总铺（其余三铺为皂林、永新、西蒋）。清朝驿铺设置沿袭明朝旧制。光绪初年，铺屋已废，铺兵裁撤，县衙往来公文皆由粮差轮值承发，每五日一班，发公文至驿站交航船递送。清光绪二十九年（1903）2月1日，桐乡邮局成立，为三等局，局址在县城东大街云龙阁附近。同年，全盛民信局在县城东大街开张，业主为宓崇贤。邮局为官办机构，民信局为私营机构。至民国23年（1934），根据国民政府有关取缔民信局的政策，县政府勒令桐乡全盛民信局停业。

民国26年（1937），日军入侵，桐乡邮局停办。民国28年（1939）11月22日，桐乡设邮政代办所，由东大街黄修德药铺代办邮政业务，并在东门外和南门设邮票代售处。抗战胜利后，民国34年（1945）12月16日，择定南司弄15号为局址，恢复桐乡邮局建制，并开始营业。浙江邮政管理局委派汪宪章为桐乡邮局局长。民国36年（1947）8月，迁至鱼行汇尹顺昌绸布号旧址。1949年5月，桐乡县城解放，县人民政府接管桐乡邮局，原有人员3人全部留用。

明朝设驿铺时，桐乡有铺递线路3条，北经皂林至乌镇铺共30里交乌程县界；西北20里至西蒋铺接崇德县邵泾铺；东北20里至永新铺入秀水县界。

清光绪二十九年（1903）桐乡邮局开设后，配信差1人，承担城内邮件投递。邮政日戳为单线边三格式圆戳，干支纪年，日期为农历。宣统元年（1909），沪杭铁路全线竣工后，桐乡部分县外邮件通过航快船由水路向铁路沿线站点组织运输，以嘉兴、硖石为转口。

民国3年（1914），桐乡至濮院绕经乌镇再到嘉兴的邮路，始用小火轮捎运。此后邮件逐步委交内河航运的轮船代运，邮运速度有所提高。民国25年（1936），杭州—嘉善公路建成通车，途经桐乡，部分邮件改交汽车带运，邮运速度进一步提高。民国26年（1937），日军入侵，邮路遭破坏停用。抗战期间，桐乡县政府组织递步哨，负责递送政府公文。战后，桐乡邮局恢复开办，辟邮路4条：桐乡—嘉兴、桐乡—硖石、桐乡—乌镇、桐乡—濮院，均利用内河船只运输邮件。上述邮路设置直至桐乡解放。民国时期桐乡邮局的邮政日戳，有全中文的，也有中英文合用的。民国纪年，日期为农历。

桐乡邮局自设立后，陆续开办信函、明信片、新闻纸、印刷品、单挂号信、双挂号信等平快类业务。包件业务以小件包裹为主。国内邮政汇兑业务限于普通汇票和小额汇票，多为私人和商家汇款，业务不盛。邮政储蓄仅存簿储金（即活期储蓄）一种。日军入侵后，桐乡邮局停办，储户提款或转账事项移交浙江邮政管理局丽水办事处受理。

抗战胜利后复设桐乡邮局，函件业务仅开办普通邮件、快递信件和挂号信件3种。民国36年（1947）5月，开办特快包裹业务，按普通资费两倍收费。桐乡至杭州寄递时限为当天，至上海为一日半。汇票每人可开2张，每张50万元，邮局间互汇限额为500万元。同年10月，桐乡邮局寄发函件业务量7800件，收寄包裹46件。桐乡邮局因人手少，封发邮包仅每日1次。为提高寄递效率，民国37年（1948）3月桐乡邮局增添人员，将每日封发邮包改为2次，时间分别为上午8时和下午1时。

清光绪年间桐乡邮局开办时，邮政设备极其简陋，仅配备日戳、戥子秤、木杆秤、算盘等简单工具。邮件交社会运输工具承运，接送邮件全靠肩挑背负，若遇较重邮件，则雇工搬运，城区均步行投递。信函邮资每重半英两，外埠贴银圆1分邮票，本埠为半分。后曾两次调整信函邮资，计费单位调整为每20克。至宣统二年（1910），外埠信函为银圆3分，挂号邮件每件1角。民国时期外埠信函邮资曾有过10余次调整，先后出现过银圆4分、法币8分、中储券400元等资费标准。民国35年（1946）后，物价持续暴涨，信函邮资也连续19次调高，至民国38年5月，达到金圆券120万元。调整后的本埠信函邮资为同期外埠邮资的半数，民国34年后不分本埠与外埠。挂号邮件资费也相应调整。1949年5月桐乡解放后，执行《华东解放区邮件资费表》，每20克信函邮资为30元。后物价继续上涨，邮资3次调整，至1949年底，信函邮资达到人民币（旧币）400元，快递挂号邮资为国内信函邮资的4倍。

大清国邮政蟠龙邮票(2分)双连票,盖戊申年(1908)五月廿一日浙江桐乡邮戳

第七章

商业组织

第一节　桐乡县商会

梧桐镇作为县治所在地，有许多机构组织，其中商会对全县商贸（主要是梧桐镇）发挥平抑市价、筹募善款及沟通上层人物、联系地方商业发挥了一定的作用。

清光绪三十一年（1905），桐乡县商会成立，会长王康祚，有会员247人。民国元年（1912），桐乡县商会改组，会长黄寿门。民国6年（1917）9月，依照《商会法》，桐乡界濮院各商店属桐乡县商会管理。民国12年（1923）4月18日，桐乡县商会公选正副会长，李毓彬当选会长，杨元煜当选副会长。民国16年（1927）9月，县商会改称"商人统一委员会"，隶属国民党党部。

民国26年（1937），日军侵占桐乡，商会无形消失。民国27年（1938），桐乡县维持会成立伪商会，李永豪任会长。民国34年（1945）9月13日，桐乡县商会重建，会址在城内北司弄2号。

该会通过商会章程：其第一章、第二章载：

第一章：总纲

第一条：本会定名为桐乡县商会。

第二条：本会于民国34年9月抗战胜利后成立，以复兴本县县治所在地（梧桐镇地区）之商业，从事调查研究改良整顿及建设为宗旨。

第三条：本会区域以县治所在地之梧桐镇全境为范围。

第四条：本会会址设于桐乡城内东门直街北司弄第二号。

第五条：本会隶属于桐乡县政府，秉承其督导。

第二章：任务

第六条：本会之任务如左：一、关于政府委办事项；二、关于工商业之调查研究改良整顿及建设事项；三、关于会员与会员及非会员间争议经会员请求之调解事项；四、关于各业劳资间争执之调解事项；五、关于会员营业上必要时之维持即救济事项；六、关于会员营业上弊害之矫正事项；七、关于建议政府事项。

根据民国36年（1947）桐乡县商会调查表，商会负责人王祥麟，年龄41岁，毕业于浙江省立第二中学。县商会时有团体会员16个，会员80人，理事长王祥麟，常务理事长郑锡祺、吴葆清、李咏禾、梁元鸿，理事沈剑华、金菊生，监事徐学楚、沈福生，本会事务主任黄祥云。

民国35年（1946）《桐乡年鉴》桐乡县同业公会统计表

团体名称	负责人	会员人数	成立时间	会址
县商会	王祥麟	30	1945.9.23	城内
鲜肉商业同业公会	章嘉林	8	1946.4.12	城内
面粉商业同业公会	钟浚熙	9	1945.11.28	城内
菜馆商业同业公会	胡鹤兴	9	1945.11.29	城内
树柴商业同业公会	潘寿宝	2	1946.4.16	城内
茶食商业同业公会	陈永泉	8	1945.12.15	城内
杂粮米商业同业公会	陈兆和	43	1945.12.17	城内
烟草商业同业公会	沈剑华	24	1945.11.27	城内
洋广货商业同业公会	吴松龄	12	1945.12.25	城内
绸布估衣商业同业公会	金菊生	5	1946.4.12	城内
南北货腌腊商业同业公会	沈承业	10	1945.12.27	城内
国药商业同业公会	毛树松	8	1945.11.27	城内
酒酱商业同业公会	裘宝龙	18	1945.12.28	城内

团体名称	负责人	会员人数	成立时间	会址
豆腐商业同业公会	郑子嘉	10	1945.11.29	城内
杂货商业同业公会	朱松卿	11	1945.12.28	城内
卷烟商业同业公会	郑锡祺	12	1945.12.25	城内
茶店商业同业公会	郭泰兴	37	1946.12	城内
菊花商业同业公会	朱新猷	11	1946.12	城内
理发商业同业公会	王鑫宝	11	1946.12	城内

　　中华人民共和国成立前的桐乡县商会会址设在北司弄内，距离闹市区鱼行汇极近。商会设有茶厅、茶室，可以召开小型会议，平时还有一批文人雅客来商会吹拉弹唱。

　　商会曾经为地方民生做了一些事，据文史资料记载，民国21年（1932），县商会受梧桐镇商界委托，向时任县长沈光熊申报，请求他出面向省政府水利厅批准在梧桐镇西南地区的万源油坊边上的油

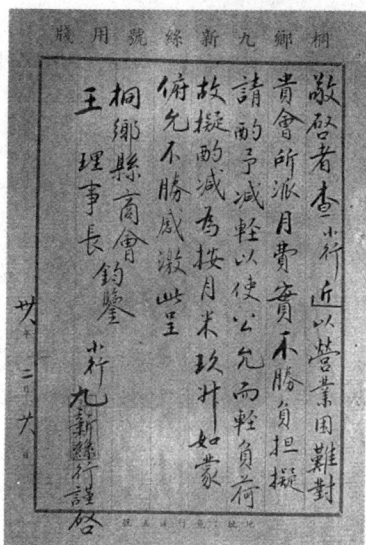

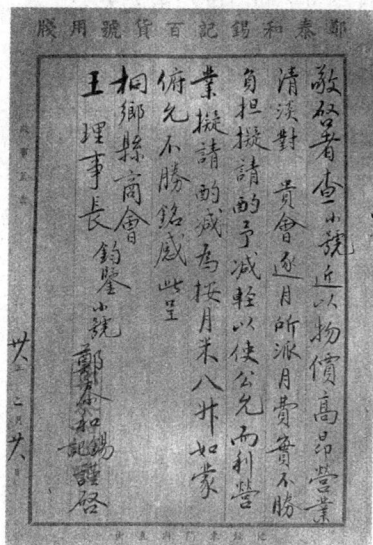

九新丝行、郑泰锡号向商会提出减免税捐的申请

第七章　商业组织

车港开一条一里半长的新开河，把油车港与睦墩桥港连通，以解决航船绕道之苦，也可以引水向南，为西南一带的农田灌溉提供条件。当时，会长李咏豪拜会浙西水利议事会会员马昭懿（崇德人），陈述开河的理由，获得批准后，拨下专款6万银圆，并派工程处主任沈贞率技术员勘察测绘。调集民工，于当年冬季动工，从万源油坊道院头一段，开凿新河道，南通睦墩桥港，北连县城护城河，在开河过程中还营造了两座五洞木桥，新桥河还让300亩农田得到灌溉，受到了地方商家和百姓的赞扬。

商会还牵头商议物价、管理市场。梧桐、濮院一带是桐乡县的大粮仓，又盛产烟、麻、蚕桑、菊花、蔬菜等农副产品。每逢收获前夕，商会便召集各商家议事，定下一个比较公平公正的价格。北港街的商业大户朱信昌开有茧站，民国37年（1948），秋蚕茧上市，商会先请朱信昌商号定个价格，朱信昌商号根据行情，定下每担鲜茧100元（金圆券），商会给予认可，就告之各收购点（站），规定上下浮动不得超过5元。因为有商会出面，背后还有县政府支持，收茧市场得以稳定。但是没多久，金圆券大贬值，失去信用，商会的平抑市价作用便失去了。

第二节　合作社

桐乡县城和城郊的合作事业始于民国20年（1931）前后，因资料不详，无法提供详细情况。民国26年（1937）底日军入侵桐乡一带后，合作社无法运作而解体。抗战胜利后，为复兴农村经济，在各级政府推动下，整理和组建乡、镇合作社和专营合作社。

民国34年（1945），浙江省政府制订了合作社事业复兴计划，提出了恢复区合作社组织整理办法实施细则，要求各地依照合作社法规定，整理组织乡、镇、保合作社以及专营合作社和县合作社联合社。桐乡县政府成立合作指导室，由县长范文治主持。同时，借《桐乡民报》副刊的版面按期刊载合作社专版，半个月一期，宣传合作事业要义，推进合作社的组建及其业务的开展。

民国35年（1946）4月9日，桐乡县城东乡合作社登记创立，兼营生产、供销、信用等业务，性质为保证责任合作社（保证责任为认购股金的20倍），社址设在城东乡公所。合作社社员225人，股金为每股10元（国币），共认购6万股，股金总额60万元。理事主席由搭台坊人沈士荣担任，监事主席由南孟庙人丁培源担任。

5月6日，桐乡县梧桐镇合作社登记创立，兼营信用、供应、生产等业务，性质为保证责任合作社（保证责任20倍），社址暂设东门直街梧桐镇公所（后迁址东大街5号租用卢姓房屋）。合作社社员826人，股金为每股10元（国币），共认购5.479万股，股金总额54.79万元。理事主席由时任国民党桐乡县第十届执监委常委朱玢担任，监事主席由时任桐乡县党部书记长车同轮担任，经理为金勾其。

5月9日，桐乡县城北乡合作社登记创立，兼营生产、供销、信用等业务，性质为保证责任合作社（保证责任20倍），社址暂设城北乡公所内（后迁址吴家浜借用房屋）。社员781人，股金为每股10元（法币），共认购12.35万股，登记时已缴股金61.75万元。圣堂头人汤有善担任理事主席兼经理，总管堂人朱士正任监事主席。后由王家埭人王顺忠任经理。

5月10日，桐乡县附廓乡合作社登记创立，兼营生产、供销、信用等业务，性质为保证责任合作社（保证责任20倍），社址暂设附廓乡公所内。合作社社员202人，股金为每股10元（法币），共认购3.865万股，股金总额38.65万元。金家浜人胡志雄担任理事主席兼经理，三仕村人车同文任监事主席。

鉴于全县23个乡、镇已次第成立合作社，县政府决定，为加强组织，开展业务起见，筹备设立县合作社联合社，并于7月9日登记创立。有团体会员12个，个人会员34人。每股200元（国币），股金总额250万元。理事长管辅夏，常务监事赵俊。

同年9月21日，桐乡县政府员工消费合作社登记创立，专营消费业务，性质为保证责任合作社（保证责任5倍），社址设在县政府内。合作社社员67人，股金为每股10元（国币），共认购67股，股金总额670元。理事主席陈祥甫，监事主席徐士乾。

此后，因桐乡县行政区划调整，城东、城北、附廓三乡划并为秀川乡，合作社随之调整变更。据市档案馆民国37年资料记载，秀川乡合作社理事主席为赵小发，梧桐镇合作社理事主席为梁元鸿，县合作社联合社理事主席为蒋藕舫。

各级合作社的业务，主要是信用、供销、生产。民国35年，县合作联社会同中国农民银行直接下乡发放紧急农贷400万元（期限一年），其中附廓乡合作社放贷50万元；育蚕贷款1400万元（期限三个月），其中城东乡合作社放贷100万元；水利贷款200万元（期限一年）。供销业务，为社员供应食盐、肥皂、火柴、煤油等生活用品以及化肥、豆饼、抽水机等农业生产资料，以及烟叶运销。生产方面，组织供应蚕种、桑苗，共育饲蚕、合作烘茧等。

合作社配售的蚕种有"三葫芦"牌、云南"金鸡"牌等改良种。配售的抽水机有"巴恩"牌2英寸离心力抽水机（军用剩余），附汽油发动机（1—1.5马力），每架327.6美元（1美元按金元200倍计算）；5英寸离心力抽水机附引擎，每套1052.11美元；"铁牛"牌小型抽水机（3匹半），每套价格为糙米20市石。

民国36年（1947），县合作联社择定全县中心点之梧桐镇为合作烘茧处，协助各社员办理鲜茧集运，租用东门外公盛茧站收烘蚕茧。同年，梧桐镇合作社办理中国农民银行各项贷款2802万元，其中秋蚕贷款800万元（期限80天，月息五分），化学肥料贷款1871万元（期限半年，月息四分），稻种贷款131万元（期限一年，月息五分）。秀川乡合作社办理化肥贷款1411万元。

民国37年（1948），县合作联社配发给杨园乡6个保合作社"三葫芦"牌春蚕种1400余张，饲养过程中陆续发生空头病、脓病、僵病，至五龄期，除100张框制种外，1000多张的平附种全部死亡，众多社员投入的资本和辛劳皆付诸东流，损失惨重。据病象分析，为蚕种质量问题，制种场厂粗制滥造的结果。蚕讯好坏事关民生，起早落夜忙到蚕罢，等来的竟是颗粒无收，杨园乡6个保的共育蚕农怨声载道，欲哭无泪，县合作社信誉遭严重挫伤。6月5日《桐乡民报》在第一版刊登专文报道此次蚕种事件，为杨园乡蚕农请命。后经多方交涉，受损社员仅获得按每股赔偿原蚕种一张，待下一年春蚕时领取，劣质蚕种害民事件不了了之。同年，县联社筹措设立柏子加工厂，12月间，因受时局影响，资金不济，遂中途停办，损失颇巨。各乡镇合作社的业务量甚小，资金短缺，且周转缓慢，又值物价狂涨，货币快速贬值，合作社经营举步维艰。至中华人民共和国成立前夕，各级合作社已名存实亡。

1949年5月4日，桐乡解放。11月，县人民政府派城关区区长王吉成等3人在梧桐镇南门直街50号接收县合作社联合社。12月20日，桐乡县供销合作商店开业，22日，县供销合作总社成立，地址均设在南门直街50号。

　　注：民国时期的附廓、城东、城北三乡以及乡镇划并后的秀川乡，均属现今的梧桐街道区域范围。

第八章

货币 物价 切口

第一节　民国货币变革及桐乡市场物价起伏

商品交易离不开货币。民国时期，政府为了发展经济、巩固统治，曾多次进行货币制度改革。这对平抑物价、稳定市场起到一定作用。

民国初期沿袭了清朝多元的货币制度。当时桐乡县境内流通的货币主要有银圆、银角子、铜圆（铜板），其他还有块金（金条）、银两、制钱等。民国元年（1912），新铸银圆和铜圆两种货币。银圆为"开国纪念币"，正面为孙中山半身侧面像，背面有"壹圆"两字，俗称"孙小头"；铜圆正面为两面交叉的共和国旗，背面有"十文"两字（合制钱十钿）。民国3年（1914），又发行袁世凯头像银圆，俗称"袁大头"。北洋政府规定以银圆为法定本位币。清代流通的银两、制钱等货币渐渐淡出市场。块金铸成的标金称金条，重10两的金条俗称"大黄鱼"，1两的俗称"小黄鱼"。在桐乡县境内，只有在大宗商品交易时用标金，并以"小黄鱼"为多。"大黄鱼"主要用作银行储备金存库，商品交易中极少使用。

民国22年（1933），国民政府发布"废两改元"政令，确定以银圆为主币。停止使用银两，一律以银圆进行交易。桐乡县境内流通的银圆以"孙小头"为多，约占流通量的40%，"袁大头"次之，约占30%，"龙洋""鹰洋""船洋"等流通量较少。银角子也称"小洋"，为银铸辅币，有5角、2角、1角、5分等，县境内流通最多的为2角、1角。铜圆俗称"铜板"，为铜铸辅币。县境内使用较多的为十文铜圆。国民政府实施法币改革后，翌年发行了面值为1分、2分的两种新铜圆。

民国24年（1935），实行货币改革，废除银本位制，发行使用纸币——法币。由中央、中国、交通三家银行所发行的法币为国家法定流通货币，与银圆等值，初期面值最高为10元。民国31年（1942）7月起，改由中央银行发行外，曾有四明、兴业、实业、中南、浙江等地方银行也发行法币钞券。国民政府虽然一再声称，法币和银圆为同等价值的法定货币，但市场上流通时，仍有一定的价值差距，老百姓都喜欢使用和存储银圆。在流通过程中，各银圆之间的价值亦有高低，如一个"袁大头"可兑换银角子12枚或铜板310枚左右，一个"孙小头"可兑换银角子10枚或铜板300枚左右，而一个"龙洋"或"鹰洋"则可兑换银角子9枚或铜板270枚左右，兑换的"评价"由各镇商会每日挂牌公布。

民国26年（1937）抗战爆发，桐乡随即沦陷。起初仍使用法币，日伪政权限制法币流通，换用"军用手票"，强迫民众使用。面值有10钱、50钱、1元、5元、10元五种。民国三十年（1941），汪伪政府成立中央储备银行，发行"储备券"，自称"新法币"。面值为1元、5元、10元三种，与国民政府的法币等价同时在沦陷区流通。当时，军用手票与储备券之间的比价为1元军用手票兑换55元储备券。民国三十一年（1942）起，汪伪政府禁用法币，以1元储备券兑换2元法币，限令在十四天内兑换完毕。从此，在桐乡境内市场商品交易中，法币逐渐被伪币所取代。

抗战胜利后，国民政府明令停止使用伪币，以1元法币折合200元伪币的比率收兑。推行使用关金券，面值有1元、5元、10元三种。关金券全称"海关金单位兑换券"，原系专供缴纳关税之用。以1元关金券折合20元法币的比率投入市场与法币同时流通，后与法币同步贬值，同时废止。

民国37年（1948），国民政府发布新的货币制度，规定金圆券为金本位货币，每一金圆的含金量（折合）为纯金0.22217克。刚发行时，面值有1元至100元五种，辅币1分至5分五种。以法币300万元折合1元金圆券的比率收兑法币。以纯金1市两折合200元金圆券，以纯银1市两折合3元金圆券，以1美元折合4元金圆券，强制收兑民间金银和外币。金圆券的发行加速了法币的贬值。纸币失去信用后，民间保存的银圆又重新使用，直至解放。

时局的变幻、货币政策的变化、年景好坏和农作物收获丰歉是直接影响物价稳定和市场繁荣度的重要因素。

民国前期，物价比较稳定。据1996年版《桐乡县志》记载："大米每石价在6.8元—7.2元。民国17、18年（1928、1929），乡货糙米每石七八元。"米市场糙米加工成白米后，其市场价每石为8.5元。"民国20年（1931）后，进口米输入，糙米市价每石跌至4元，豆麦等物也随之降跌。"

民国4年（1915），受自然灾害影响，桐乡米价猛涨。当时，1银圆兑换铜圆120枚，一斗米约值100枚铜圆。民国13、14年（1924、1925），1银圆兑换铜圆上升到250枚，物价有涨无跌，白米每斗1元2角，猪肉每斤3角（银角子）。

民国16年至26年（1927—1937），桐乡县境内农副产品丰盈，人民生活安定。农村经济虽受茧价跌落的影响呈下滑趋势，但货物流通仍然十分活跃，是民国时期的黄金期。

当时，县境内不少农副产品自给有余，销售境外。据民国21年（1932），粮食、经济、水产、蔬菜类出境（口）销售的有关数据显示（以银圆"袁大头"计算），大米7.99元/石，黄豆8元/石，蚕豆6.02元/石，麦子6元/石，油菜籽8元/石，柏子8元/石，麻皮20元/担，菊花20元/担，烟叶15元/担，干茧105元/担，土丝500元/件，虾、蟹20元/担，白鱼10元/担，鲫鱼20元/担，鲤鱼14元/担，鲢鱼9元/担，青鱼15元/担，茄子0.2元/担，地蒲2元/担，蒜头3元/担，蔬菜0.5元/担，笋3元/担。而同年，县境内销粮食年平均市场价为粳米5.59元/石，籼米5.04元/石，糯米5.70元/石，小麦3.33元/石，黄豆4.16元/石，蚕豆3.52元/石。尽管两组数据的统计口径不一，出境（口）商品的周转环节多，商品大多销往上海、杭州等地，销售价自然要远高于县内市场年平均销售的价格。县境内市场在交易中，各种商品并没有固定的价格，随着季节和行情的变化，在一定范围内上下浮动。物价总体相对稳定。

民国23年（1934），桐乡及其周边地区遭遇近百年历史上罕见的旱灾。灾后，粮食歉收，大米每石出售价为10.7元，一下子上涨了2.2元。有的米行以每石高于11元出售，粮食价格大幅度攀升。

抗战初期，桐乡沦陷前后，物价升降幅度极大。沦陷前，老百姓逃难，都以带现金较为方便，不愿购买较多的实物放在家里，因此，物价出现了不升反降的现象。当时，白米每石只有法币1元至2元，还无人问津；猪肉只几分钱一斤……致使农民不愿养猪。沦陷后，物价开始上涨，民国31年（1942），白米每石涨至200元法币；民国32年（1943），白米每石涨至700元；民国33年（1944），因涨势迅猛，政府限价白米每石3000元，以作控制；民国34年（1945），白米每石涨至6435元，糙米每石5000元，黄豆每石4500元。

抗战胜利后，时局不稳，物价飞涨。民国35年（1946）3月，桐乡市场上的白米每石法币54000元，菜油每斤750元；民国36年（1947）10月，白米每石涨至90万元，上涨了16.6倍，菜油每斤17000元；民国37年（1948）1月，桐乡县物价评议会评定每石白粳最高价120万元；8月，金圆券发行之初，白米每石折合金圆券18.33元，黄豆15元，小麦14元，黄金饰物每钱22元。物价暂告稳定，但好景不长，便涨风迭起，随即在市场上出现了面值500元金圆券。糙米每石很快涨至金圆券150万元；翌年（1949）春，物价继续疯涨，一日之内涨十二次之多，到桐乡解放前夕（4月底为止），上涨幅度为六十万倍，一摞摞金圆券成了废纸。

民国时期，进行了三次货币改革，但物价始终呈起伏状曲线上升趋势。每次推行新的货币制度，物价微稳而短暂，往往"小回"

梧桐古镇商贸旧事

成猛涨的先兆。特别是民国37年（1948），国民政府推行金圆券为金本位货币后，仅维持两个月，便急剧贬值，最终达到了失控的地步。

第八章　货币　物价　切口

第二节　数字切口

"切口"是旧时代在不同地区、不同行业中使用的专用隐语，或者说"黑话"（无贬义）。

"由中人工大，王主井羊口"，一般人看了，不知所云，但是，做过生意的人看了，便会有所觉悟，有些眉目。尤其是老商界人士，或能探大概，或必领全貌。行内人认定，这是以每个汉字笔画的"出头"数目代表1、2、3、4、5、6、7、8、9、0这十个数字。得此要领，一通十通。"由"出一个头，代表1；"中"出两个头，代表2，依次类推，"羊"出九个头，代表9；"口"没有出头，就代表0。这样，这十个汉字就像十个阿拉伯数字一样，可以组成无穷多个数。如此，"工"是4；"由主"就是17；"王中"等于62；"井口大人"便是8053，由此等等，不一而足。既然如此，"甲乙丁子土，川毛豕青田"，或"自曲刀力于，正夫丰借昌"，再或"白且入上更，而矢末完回"等等，只要在"群内"沟通认可，便是一组数字切口。

第三节　《申报》中的梧桐镇商贸资料

　　《申报》原名《申江新报》，自清同治十一年（1872）4月30日在上海创刊，至1949年5月27日停刊，是近代中国发行时间最久、具有广泛社会影响的报纸。《申报》中刊登有大量的杭嘉湖地区的信息，这些信息中也包括许多商贸内容。

　　桐乡境内最早刊登于《申报》的一则广告，是清光绪十五年（1889）1月9日所刊载的石门（今崇福镇）善长典当，在上一年的10月26日的一则赈灾捐款中还记载有善长典当的一位职员名叫胡文棣，捐铜洋二元。虽然涉及桐乡的商贸史料不多，而且多是只字片语，散落于申报广告和社会新闻中，但也正因为《申报》记录的真实性，加之报刊资料的年代久远，为我们提供了珍贵的史料。现就将《申报》中桐乡县城有关的商贸资料摘录，也有助于我们了解桐乡县城早期的商贸历史。

　　从目前的资料可知，《申报》中记载桐乡县城内最早的店铺为鱼行汇所开设的嘉兴民信局分局。民信局有一种说法最早是明永乐年间宁波、绍兴商人所创设，明代官场多用绍兴人当幕僚，俗称"绍兴师爷"。他们分散在各省督抚巡按衙门中，联系广泛，成为帮派。互相之间经常有书信往来，函件相对较多。久而久之，便形成了初期的民信机构。宁波是绍兴出海的口岸，通信的枢纽，所以也就成为最初民营通信机构的据点。民信局最初是传递货物，其后扩展到信件、汇兑等业务，在清末时民信局几乎遍及全国各地。直至清光绪二十二年（1896）"大清邮政"开办后，民信局日渐式微。

另一较早的店铺是方寿辉所开设的茶店"德隆"，一般来说桐乡地区的茶叶店均有安徽人所设。由新闻可知茶店主要经营茶叶，其伙计中有一职位称为"茶司"，有权管理并处理店铺内的茶叶，尤其是对于高档茶叶的保存也是一门技术。

清末，社会上盗匪较多，《申报》上就刊载有盗匪垂涎于一些利润较为丰厚的店铺，夜晚进行偷盗、抢劫，而且这些盗匪基本配有枪械，有幸者尚可追回财产，不幸者只能兴叹。

桐乡籍的名中医在上海开业者有沈吉斋、严孟丹、夏莘夫、黄璞斋，其中沈吉斋目前仅知其善于中医喉科，清光绪四年（1878）著有《喉科心法》。

桐乡辣酱最早刊载于《申报》的便是桐乡南门的黄长盛酱号，其在《申报》上刊所投的广告从1915年1月16日一直持续到了3月9日，总共49天的广告，将桐乡所产的辣酱在上海几个酱号商铺售卖，并配上精美的包装，这也足以可见这一家桐乡辣酱的畅销程度。

桐乡县第一贫民手艺所，即民国3年（1914），黄瀛仙借西仓桥堍土地庙创办"桐乡传习所"，招收当地贫民习艺。该所在《申报》投放了9天的广告，广告中有写道："前浙江巡按使屈核准通饬免捐，前浙江督军兼省长吕给予功奖"字样，屈指浙江巡按使屈映光，吕指浙江督军兼省长吕公望，两条竖着的文字记载为："巴拿马赛会得优胜奖品，国货展览会得优胜奖品"，应该也是品质兼优的桐乡品牌。

桐乡烟叶是驰名产品，《申报》曾刊登一篇文章对桐乡新旧烟叶的概况进行报道，从文中来看"范烟"便产自桐乡东门外范家埭，俗名范顶烟。当时的桐乡烟叶远销海外，《申报》中将国内浙江桐乡和江西广丰、驿前、瑞金、郴州等几地所产烟草最为上层，尤其是当时的埃及，自"一战"结束后，以中国烟叶销量最大，按照1925年埃及税关的报告，当年输入就在三万八千担以上。1927年

梧桐古镇商贾旧事

的《申报》上曾刊登一篇"桐乡烟叶不能到沪"，记载到桐乡县每年所产的烟叶其数量有二三万斤，基本都是通过洋庄通行售卖，最上等的烟叶称为"天露"，时价高达每担七十元，一等烟叶每担五十元，二等烟叶每担四十元，可谓极其畅销。

第八章 货币 物价 切口

附录:《申报》桐乡商贸资料

清光绪十一年(1885)7月16日《申报》

本局开设嘉郡有年,屡承各处绅商惠顾,诚信驰名。于六月朔日新分在桐乡城鱼行汇开张,倘蒙贵客委带银洋、信件,须认明招牌勿误。嘉兴协兴、协大、福润、协源同启。

清光绪二十三年(1897)11月19日《申报》

忍心害理:有方寿辉者,业茶,设铺于嘉郡桐乡县城,牌号"德隆"。近遭回禄(指火灾),店主人亦抱疾而终。其旧伙朱荣喜生心奸诈,正利店之有事,借故辞去,与方光唫合开德奥和茶铺于左,近欺其孺□无能,隐购绿□五斤,密嘱"德隆"号茶司凌集庆散置茶中,遂令二千余斤之茶尽皆废弃,且偷出浮山县烘青(高档绿茶)计洋二百七八十元,已而事悉,店伙凌集庆逃亡他方,朱、方二人因分赃不匀,遂拆股分,朱荣喜自知难居桐城,逃往江北等处,曾经朱、凌二人屡劝余力盘"德隆",幸拒未果,免遭此害。诚不平于朱、凌二人之忍心害理,或再贻害同业,故尝登诸报版云。

清光绪三十二年(1906)7月30日《申报》

桐乡南门外有张某所设置油车坊,近来生涯甚盛,致为匪徒所涎。上月某夜,突被劫盗,报县后经徐大令缉获洪佬九、李来光、刘振龙三名，起出原赃并枪械、票布，讯得均系青帮头目……

清光绪三十四年（1908）1月11日《申报》

嘉兴，初五晚，乡民聚众攻破桐乡县城，拆毁县衙、仓厫、警局及绅商十家，并焚毁耶稣教堂两所，教士幸救出。

清宣统二年（1910）2月18日《申报》

去腊除夕八时，桐乡县役金声和与陆万顺糕店伙，在鱼行汇新乐园茶店，因索欠哄闹，经巡警出场劝阻，适有嘉防先锋右队中哨营勇多人亦在该店，竟以巡警为多事，始则骂……附近店铺见兵勇均手持枪械，几欲罢市……

清宣统二年（1910）3月7日《申报》

新闻画：嘉兴桐乡县南门外张姓石灰行日前拆旧墙，忽于墙脚掘出一物，略具人形，其长度等于十三四岁之童子，权之重八十余斤，旋经药店伙识为首乌。

清宣统三年（1911）4月29日《申报》

浙江桐乡县前雇船户陈竹卿，船伙董开生、张和尚、邱才生装运漕米一百数二石至申，……

民国元年（1912）4月5日《申报》

桐乡沈吉斋名医留沪：桐乡沈吉斋先生素精岐黄，内外科兼喉科界，皆具神妙之术，历年宦游南北各省，……

民国3年(1914)7月10日《申报》

"运河塘白日抢劫"：桐乡商会电浙垣公署云：顷据濮院镇丝商略称，本月五日午刻一点钟由嘉至濮信船驶至离城西门外未及五里，运河塘姚坟之东。此处来往船只日有千数，不料盗胆如天，竟敢白日抢劫该船洋四千五百元。濮院丝绸济款全赖嘉兴钱庄流通,此款为二茧登场特备,流通市面起见。遭此不测,营业势将停歇,商等寒心。近日市面大为震动,火速请饬嘉兴水陆警军,严缉获案,追缴藏款,以安营业急迫待命之至。桐乡商务分会总理王康祚叩。

民国4年（1915）1月16日《申报》

桐乡黄长盛辣酱佐食卫生之妙品:桐乡南门内精制辣酱脍炙人口,已历百年余载之久。每届冬令,远方顾客虽皆捆载而去,而总以交通不便为憾。兹特分运到沪,并添造料瓶,装置精雅,以便顾客携带,并足备官商送礼之用,价廉物美,想各界诸君必有争先尝试之快,……桐乡黄长盛主人谨告。批兑处:闸北恒丰路中市万盛酱号,分售处:英人马路万康酱园、南市万春酱园。

民国5年（1916）5月28日《申报》

医中圣手:桐乡沈吉斋先生学优而仕,迭膺繁剧,淡于荣利,退而归隐,侨居海上,素擅岐黄之术,凡遇内外疑难杂症无不着手成春,望闻问切,考求至精,祸福吉凶皆能预卜。而喉症一门尤能起死回生,且制药不惜工本,配法尤多秘方,实今世之卢扁(指古代名医扁鹊),一方之生佛也。内人于本月十三日陡患白喉,来势汹汹,一日之间寒热盛行,咽喉肿烂,势甚危险,幸蒙先生诊视,以养阴清肺汤加减治之,外加吹药,次日即减大半,两日全消,……

民国8年（1919）5月23日《申报》

桐乡县长盛记酱园现届第四次续立议单之期,此黄、邵、刘三姓股□至今已四十年,立过议单三次,刘姓股为古山公之产,由古山公与兰墅公、竹坻公、梅垞公,三房分居已三十余年,……

民国12年（1923）4月20日《申报》

桐乡县商会选出会长：桐乡县商会会长任期已满，于前日依法公选正副会长，结果正会长为李毓彬，副会长为杨元煜，现将各职员履历具报官厅备案矣。

民国15年（1926）7月6日《申报》

浙西桐乡县出产烟草颇多，现有烟商奚子棠等拟集资十万元组织大华烟草公司，已将简章等件呈请实业厅备案。

民国15年（1926）9月23日《申报》

浙省新旧烟叶之概况：

桐乡旧叶尚多，石门、乌镇无几，……浙省产烟以桐乡县属第一，年来出产更旺，价值比前更高，兹将二十年来之概况述如下。

桐乡县产烟区域，以东门外最广，以范家荡附近为最佳，名范顶烟。此外如濮院镇、屠甸镇，稻户、烟行、囤家、贩家亦颇不少。又如灵安镇、高家湾、南北石灰桥、南北亭子桥、赵家村、淡竹园、城隍庙等小镇村庄，佃户、行家随处均有。更如炉头镇、戚家堰出产亦多，地土宜于烟叶，东郊北郭，西畴南亩，村落远近，烟户稠密，地利得宜，年旺一年，此其缘故也。

前二十余年，其时出烟之处，惟桐乡县城、濮院镇、屠甸市三处为多，其他各地，未甚显著。当其时种户成本低廉，烟行进出价轻，洋庄未甚流通，捐税未至繁重，凡种者、贩者、办者俱易获利，论价格比较前二十年，秋叶每包二百斤，价十元左右，近要每包二十元有奇；脚皮每包二百斤，价仅八九元，今则要十八九元之多；二皮每包二百斤，价十二三元，今则要二十三四元以外；三皮为最高庄托叶，从前每包二十二三元，今要三十元以上；顶烟为烟叶最佳者，从前洋庄少办，凡属顶叶，好丑相兼，每包至高价不过四五十元而已。

自民国初年至五六年，洋庄渐销，其时英法美俄等商每年办出口者，尚属少数，价未大增。及民国7年以来，日商亲至采办，初在屠甸设庄，后迁桐乡县东门外，每年办额，渐渐加增，烟价亦由是长，所办虽以顶叶为大宗，即去年而论，天露每包二百斤，起价至一百一二十元，一等洋庄每包起价至百元以上，二等每包八十元，三等每包六十元之价。以近数年烟价，比较前二十年，判若天渊也，近查桐乡尚存旧早顶、范顶及洋剔三皮尚多，陈货乏采办，价允跌下，新脚叶、新二三皮又上市，办客仍属观望。八月中，新顶叶方值旺期，价格视洋庄动否，以定低昂。

石门、乌镇各烟行旧货无存，纵乡下有多少，价亦不昂。新脚皮、二三皮价格比桐乡低二三元至四五元不等。

民国15年（1926）10月5日《申报》

蔡务本堂遗失股单郑重声明：敝堂于同治年与刘景德、吴绍德合股在浙江桐乡县屠甸寺镇开设公和典当，立有股单，……

民国20年（1931）7月16日《申报》

案查王熊伯积欠震兴公司二万一千余两一案，业由上海地方法院核准由敝律师登报将抵押品：浙江桐乡县兆丰茧行一所、吴兴县……

民国24年（1935）7月21日《申报》

名医夏莘夫莅沪应诊：国医夏莘夫为浙西已故大麻名医金子久高足，精研内妇等科，医理深邃，经验宏富。浙中国医之享盛名者，在杭有王邈达，在禾有张义臣，桐乡有夏莘夫，悬壶行医，垂三十年，常寓石湾，与王张两国医鼎足而三，浙西一带，久著盛誉。此次为亲友敦劝来沪，设诊所于北京路庆余堂西首宋家弄七号，而来诊务非常忙碌，应接不暇，并闻夏君已向卫生局登记，俾常川在沪应诊。

民国24年（1935）11月26日《申报》

浙西名医夏莘夫先生，今夏设诊所于北京路宋家弄七号以来，诊务非常发达，嗣因该处光线黑暗，诊所亦不敷应用，昨已迁至北京路泥城桥宏里弄二十三号新厦（照常应诊），电话九二八一六。

民国27年（1938）11月9日《申报》

……医药讯：黄璞斋悬壶应诊，国医黄璞斋为浙西名医夏莘夫之高足，从师十载，尽得真传，对于内病各科，无所不窥，而于伤寒虚弱及妇科经带等症，更能融古会今，审断精当。兹以乡里沦陷，避地来沪，设诊所于爱文义路成都路西联珠里十三号全浙公会内，门诊上午，号金六角六分，出诊下午，只收二元四角，电话二四七五一。

第九章

商界轶事

第一节　剃头椅上锄汉奸

民国26年（1937）底，日本鬼子占领桐乡，到处烧杀抢掠，无恶不作，还成立了维持会，于是，一些地痞流氓加入了维持会，为虎作伥，为日本鬼子带路，搜集情报。桐乡一带，一些抗日武装在狠狠打击日本鬼子的同时，对一些汉奸也给予惩罚。

当时，日本人在桐乡城门口设有岗哨，农民进出城，要向城门口站岗的鬼子兵、伪军鞠躬行礼，多数人不情愿，就很少去城内。县城南门外的丁字街，因为在城外，胆大一些的农民就都到这里来买卖物品，所以丁字街一带更加闹猛起来。农民挑选着丁字街上张家铁匠铺的桑剪、铁耙和刮子；叶家竹匠店的串眼箅、扁担等；曹恒昌杂货店的桐油、木炭和蓑衣、火油……在离恒昌杂货店二三间门面的地段，有一家聚和茶馆，门口的一角，摆了两只剃头椅子。吃茶的乡客吃好茶，愿意剃头的就坐到剃头椅子上，真是方便又省事。剃头的师傅姓刘，江苏丹阳人，一开口就是"辣块妈妈"。刘师傅的手腕功夫相当熟练。剃头到最后，是耙耳朵、捉眼睛、敲背、松肩，全套功夫下来，不但使你面貌一新，还让你舒服到极点！

桐乡城里，有一个姓尹的，好吃懒做，日本人入侵后，他就投靠了日本人，当了维持会的一个头目，日本鬼子下乡扫荡，他就屁颠屁颠带路，整天游来荡去，仗着日本人的势力，酒店茶馆吃白食，敲诈勒索，无恶不作，梧桐镇上的商家对他恨之入骨，但又无可奈何。这天，姓尹的从聚和茶馆孵到中午时分，见市面差不多了，便出门来往刘师傅的剃头椅子上一坐，跷起了二郎腿。刘师傅知道这个人惹不得，连忙拿起剃头刀，给他剃头，剃好头然后修面，一块热毛巾捂在姓尹的面孔上。这时，从丁字街东头疾步走来了两个人，各挽着一只竹篮，篮里盖了一条毛巾。一个人快步越过剃头椅子，在丁字街口向城门口张望；另一人迅速走到剃头椅子旁，对躺着正舒适的人高喝一声："姓尹的……"

刘师傅还不知道是怎么回事，喊道："勿要空缠，剃开了怎么办！"

姓尹的吓了一跳，睁开双眼，只见那人伸手从篮中拿出一把驳壳枪，用枪口对准姓尹的胸口，一连扣动扳机。两声枪响，鲜血便从椅缝中流到了泥地上，与头发混在一起。因贴着胸口打枪，连衣服的碎片都飞了起来。枪声响起时，刘师傅三魂六魄全出窍，一屁股瘫坐在地上。等他神志恢复过来，那两个人早已不见了人影。

听到枪声，南城门内值哨的三个日本鬼子和伪军，一边吹响凄厉的警笛一边快速冲出城门，下吊桥。等鬼子兵追过来时，哪里还打得到打枪的那两人。有人看见，那两个打枪的是朝着史家桥、南日晖桥方向逃去的。

这件事在桐乡全城传开，人们都说，这个姓尹的平日里帮日本鬼子做事太凶狠，残害中国人太起劲，真是罪有应得。汉奸是做勿得的！

第二节　航船户怒杀日本兵

民国26年（1937）底，日本人侵占桐乡县城，然后分兵侵占了所属各镇。日本兵以治安为借口，在各个城门设置哨卡，对进出的老百姓进行盘查，趁机敲诈勒索，无恶不作。老百姓进出城门，还要朝日本兵鞠躬，叫他们"先生"。

梧桐镇上有个航船户，名叫张五四，张五四是绍兴人，带了一家老小摇着一条五吨木船来到桐乡县城梧桐镇，在东南街葛九娜水果店隔壁租了一间房子，镇上凡有运输乌镇的业务，都到这里联系，还雇了两个伙计，搞起了航快船运输，专门跑乌镇，每天把梧桐镇上一些商家的货物运到乌镇，隔天把乌镇镇上的货物运到梧桐。

张五四长得人高马大，加上他力大无比，一百斤一袋的糙米和黄豆，他一只手能拎一袋，把跳板压得"吱吱"响，所以大家送他外号"猛张飞"。

张五四的航船到乌镇后，就停在水城门，货物搬上岸后，再把要运到梧桐镇上的货物搬下船。

水城门口有日本兵的岗哨，那个日本兵长得獐头鼠目，又瘦又小，但又特别坏，每当有居民拿着物品从水城门经过，他都要以检查为名细细查看，觉得有用的，就强硬地扣下一些，没什么用的，也要翻得乱七八糟，所以当地老百姓背地里都叫他"臭老鼠"。

张五四的航船停在水城门，每天都有货物要上船下船，"臭老鼠"当然不肯放过，张五四知道，这些货物都是客户的，为了少些麻烦，他每天都要塞两包"金鼠"香烟，"臭老鼠"拿了香烟，便挥挥手，让张五四的货物过去。

有一次，张五四用箩筐挑着一担"三白酒"到水城门，这些"三白酒"都是梧桐镇上的客户要他带的，来到水城门时，看到站岗的"臭老鼠"抱着枪在打瞌睡，便想悄悄溜过去，这样就省下了两包香烟，于是不声不响，加快脚步想过去。谁知这个鬼子兵坏得很，他早就看到张五四挑着担子过来，就想试一试张五四会不会给他香烟，便故意闭着眼睛打瞌睡。果然，他发现张五四想悄悄溜过去，便一下跳起身，一把抓住张五四，嘴巴里叽咕着"八嘎呀路"，一扬手，"啪啪"就是两个耳光。

张五四因为挑着担子，没有防备，他本来就对这个鬼子兵心里有气，但为了做生意，只好忍气吞声，这会平白无故被打了两个耳光，哪里还忍受得下，他呼的一声放下担，一扬手，"啪啪"两个耳光回了过去。

"臭老鼠"平时只有他欺侮中国人，哪里想得到这个中国人敢还手打他耳光，当下"八嘎呀路"地一声吼，摘下那支上了刺刀的三八长枪，"哇"的一声，朝着张五四当胸刺来。

张五四是摇船出身，身手敏捷，一闪身，刺刀刚好从左臂腋下穿过。他用臂夹住枪，右手抓住枪杆，要把枪夺过来。论个子，张五四比小鬼子高了一大截，论力气，几百斤的粮包他一手拎，但小鬼子毕竟是受过训练的，他"哇"的一声，双手一绞枪身，就往回抽。张五四见枪被夺回，情急之下，飞起一脚，正踢在"臭老鼠"的裆下，鬼子兵痛得一声惨叫丢了枪，双手捂住裤裆，张五四拿起枪，朝着小鬼子的胸部狠狠扎了下去。

鬼子的岗哨被杀，日军"轰部"①就抓了几个水城门口摆摊头的小贩，询问情况，几个小贩都说是国军62师的人干的。因为当时国军62师的官兵经常在桐乡一带杀鬼子，锄汉奸，小日本也无可奈何。

　　但航船户怒杀小鬼子的事，还是在当地老百姓中传开了。

---

　　① 轰部：即"本部"的日语读音。

第三节　栅栏门命案

　　日本鬼子占领桐乡县城后，经常受到抗日游击队的袭击，他们害怕游击队到城里来，每到傍晚，天还没黑，就关紧城门，还派岗哨守护，但还是免不了被抗日游击队的战士摸进城，杀了好几个汉奸和鬼子兵。民国28年（1939）5月13日，半夜，国军62师368团几名勇士摸进县城，冲进伪警察局，把伪警察局长和另外三名汉奸抓了去，到城外公审后处决。日本鬼子害怕得不得了，城墙不稳固，怎么办呢? 后来，日本鬼子在东门、南门和北门内、外街路一些地段设立了栅栏门，派维持会的人守护。

　　但栅栏门一造，老百姓要进城出城就难了，栅栏门由几个维持会的人守着，每天天还没黑，栅栏门就关闭上锁，早晨要到天大亮，栅栏门才打开，这一下，一些要进城吃早茶的农民，进不了城，还有一些开小店的要到城外批点水果蔬菜也得等到天亮，那就会错过做生意的辰光，于是，有些胆子大一点的，就偷偷翻栅栏进出。

　　民国30年（1941）深秋，天已经非常寒冷了。一天，天刚蒙蒙亮，丁字街东端的栅栏门内外，已经聚集了不少人，城里的要出城，城外的要进城，但栅栏门不开，谁也进不了，谁也出不了。

　　天总算大亮了，一个维持会的人才走出来，伸伸懒腰，打打哈欠。大家一见，连忙七嘴八舌叫了起来："快开门啊！"

　　维持会的嘴里嘀咕着："嚷什么嚷！"便打开了栅栏门，放进了候在外面的卖菜卖柴和吃茶的农民，然后又转身往北来到了护城河旁的另一个栅栏门，那个栅栏门北面是城河宝塔漾，南面贴在一户毛姓民宅的北墙上。他开锁、拉门……手还没有从横栓上放下，就一眼看见了河滩旁的一对空竹篰，顿生疑惑，跨前一步，一眼看见了漂浮在栅栏门北侧河道上的一具尸体，当下吓得差点瘫在地上，他连滚带爬地沿河向西来到了丁字街上，嘶哑着嗓子喊了走来："死人了！死人了！"

大家连忙奔到河边，七手八脚把那具尸体打捞上岸，一看，原来是丁字街上摆水果摊的小老板，姓李。于是有人奔到李家水果摊，去告诉他家人。老板娘一听丈夫淹死了，哭得瘫在了地上。当时李家的儿子名叫兰生，才六七岁。

原来，李老板一早要到东门外去批水果，因栅栏门关着，便想从栅栏门北侧翻过去，深秋天冷，又空着肚子，一不小心掉了下去，便淹死了。

虽然大家都叫他李老板，实际是个做点小本生意的小贩，现在淹死了，撇下母子两人，以后怎么过？大家都同情他们，但也帮不上什么忙。后来，一些亲戚朋友拼凑了一点钱，母子俩开了一家小茶馆，勉强度日。

第四节　沈金记老板绑架案

　　民国32年（1943）冬，梧桐镇东门外沈金记鱼行老板沈金宝，替19岁的长子天生娶妻完婚，操办喜事。他遍请亲朋好友，包括有供货关系的十几条渔船上的人，排场不小，十分休面。附近河面上一溜排开了十几只渔船，渔民们携老扶幼倾船而出，人人兴高采烈，喜气洋洋，承蒙街上人沈老板看得起，都觉得很有面子。

　　儿子的婚事办得称心，沈老板也感到非常高兴。这天，他晚餐老酒搭搭，吃得醺醺然，洗漱毕，于黄昏时分打着灯笼去城河沿的旧平屋管夜。那边吊浸在城河里的五只鱼篓养着鱼，夜里他放心不下非要自己去看管。沈老板办婚事已经办妥，心里开心，就边走边轻轻地哼起了京戏："我正在城楼观山景，耳听得城外乱纷纷……"他走过羊行头，过西约10米，就折向南去。这里有一片桑树地，路边种着槿树条。突然，从槿树丛中蹿出4个蒙面强徒，将沈老板绑架了。绑票俗称"拔财神"，这是土匪头子徐德荣指使干的。徐有住在羊行头的"线人"提供详细信息，故能轻而易举就绑架了沈老板。

　　第二天早市，账房先生张云林正奇怪今天老板怎么会到现在还不来店里，有个不认识的人找上门来，悄悄地对他说："徐队长要我带个口信来，沈老板在他那里，叫你们三天之内，送两千现大洋到东门外赎人。"张云林是沈老板妻子的侄儿，他马上就到姑妈那儿去告诉消息，这下可急坏了沈老板的母亲沈张氏。当时沈金宝四十二岁，是全家的顶梁柱，可家中无论如何也凑不出这么多银圆。怎么办呢？报案没用，害怕反而会被"撕票"，老母、妻子又是女流之辈，只有亲侄正当壮年，叫他出面先打听起来再想办法救人。

张云林心急如焚，到处奔波，终于打听到顾家兜农民徐德胜，是土匪头子徐德荣的堂弟，于是立马找上门去托他从中斡旋。老实巴交的徐德胜为人爽快，一口答应，并当即就赶到姆妈家去告知求情。徐德荣的母亲找到儿子说："阿金伯开鱼行，看看生意蛮好，其实是空架子，拿不出那么多现大洋的。他人好，我出市走过总打招呼，看得起阿拉乡下人。你不要再去难为他了，我看放掉算了。"既然娘都开口了，徐德荣总算买账，收下五百大洋后，第三天就立马放人。沈老板破财消灾，有惊无险，但他临走前被警告道："回去识相点，不要乱说！"

沈老板是个见过世面的人，早年在嘉兴曹五宝鱼行学生意时就听说过"拔财神"的事，黑道上大忌漏底。因此，他回家后便绝口不提这事，只是照常经营做生意。

从此以后，徐德胜来了，便招待他吃饭，当作亲戚一样来往；那时乡下人到镇上来买粪作肥料，沈老板家就留着给他来倒粪，自然不会收一分钱的。而徐德胜的姆妈出市走过，只要看见了，沈老板一句话都不多说，总是揣两条鱼送给她，心照不宣，以表示谢意。

老底子做生意真不容易，做得好点的挣了钱要被土匪"拔财神"。尤其是日伪时期，社会混乱，各种派别的势力众多，只要有几条破枪就可以拉起"队部"，各占"山头"，以"抗日"为名，行打家劫舍之实。他们要吃要喝要花钱，首先想到的自然是敲诈勒索那些有钱的商户。当时梧桐镇周围就有四股较有势力的匪部，绑架沈老板的徐德荣便是其中之一。那时没有一个像样的政府能保护老百姓的生命财产，也没有法律制度来保障商家的正常营业。所以，沈老板被拔了"财神"，只损失钱财没被"撕票"，还算是不幸中之大幸。

第五节　张氏茶馆"拔财神"案

　　北港街是桐乡县城的商业聚集地，各种商家鳞次栉比，其中朱信昌商行最有名气，也有声望，每逢收获前夕，商会便召集各商家老板议事，商议决定一个比较公平公正的价格，要求各店业、商家或收购站遵守，一般都是由朱信昌老板一锤定音，朱信昌商号自晚清时由朱寿亭始创，数代经商，也开有茧站，并添置了烘干设备，生意做得很大。民国年间，各季蚕茧上市，商会一定先请朱信昌商号定个收茧价，比如说朱老板定下每担100元，商会给予认可，就告之各茧站收购店（站），规定上下浮动不得超过5元。

　　朱信昌生意做得大，所谓树大招风，当然也引起了一些地痞流氓的注意，一般的无赖小流氓不敢公开滋事，但被乡下一些土匪盯上，事情就麻烦了。抗战期间，桐乡城外四乡有不少土匪"队部"，他们有人有枪，打着抗日的旗号，敲诈勒索，无恶不作，甚至公开绑票勒索，当地人称为"拔财神"。

　　民国32年（1943）冬天，就在桐乡城里东南街星桥弄口的张氏茶馆里，发生一桩土匪"拔财神"枪杀当事人的案件。

　　朱信昌老板朱经瀛每天早晨都要到星桥弄口的张氏茶馆吃早茶，可谓风雨无阻，这天一早，因天气寒冷，朱经瀛穿着一件棉袍，照例来到张氏茶馆，和茶馆老板打了声招呼，坐在靠街口的一张茶台子上，因为是老茶客，茶台子基本是固定的，茶馆伙计便为他拿来茶壶茶盅，在茶壶里倒上水，说了声"朱先生请便。"便去照料其他茶客了。

朱经瀛便一边喝茶,一边和其他茶客聊一些生意上的信息,等一壶茶喝干,天已经亮了,伙计给他续上水,刚转身,只见街上走来一个人,那人五短身材,穿着一件皮袄,踏进茶馆,叫了声:"朱老板!"

朱经瀛一见那人,是商守先部队手下的一个小头目,名叫徐子荣,这徐子荣和朱家还攀着一点亲,朱经瀛刚出生时,唤过一个奶娘,而这个徐子荣,就是朱经瀛奶娘的儿子。徐子荣自小不学好,长大后混在商守先的"队部"里,专门敲诈勒索,曾借着和朱家的关系,经常上门借钱,三个五个大洋,当然是有借无还,这会朱经瀛见他上门,知道没好事,便应了一声,不再理他。

徐子荣见朱经瀛不再理他,便一屁股坐在朱经瀛旁边的长条凳上,嘿嘿笑道:"朱老板,我这几天手头紧,能不能借我几个大洋?"

朱经瀛见徐子荣果然又是借钱,便摇了摇头,说:"这几天我也没什么收入,借不出来。"

徐子荣又是嘿嘿几声:"堂堂桐乡城里的大老板,连几个洋钿也借不出,鬼才相信!"

朱经瀛道:"真的借不出!"

徐子荣便站起身,撩起皮袄,从腰里掏出一把小手枪,抵在朱经瀛胸前,道:"朱老板,你借不借?"

朱经瀛连忙起身,因他坐的位置在朝街口,所以几步就出了茶馆的店堂,道:"子荣,你不要吓我!我真的借不出来!"

徐子荣见朱经瀛还不肯借钱,便一步跟上,一把揪住朱经瀛的前胸,把手枪塞进朱经瀛的棉袍里,叫道:"三百个大洋,你到底借不借!"

毕竟是闹市区,人来人往的,朱经瀛以为徐子荣只是吓唬他,不敢开枪,便伸手去推徐子荣,说道:"哪有你这样借钱的,三百个大洋,我可拿不出来!"

徐子荣牙一咬，叫道："我看你不借！"只听得"砰"一声枪响，朱经瀛闷哼了一声，人便瘫倒在地。

那些茶客从来没有见过这种场景，谁也不敢上前，便"轰"的一声，四下逃走。

徐子荣趁着混乱，便出了城，逃到了乡下。

等徐子荣没了人影，几个胆大的才上前扶起朱经瀛，只见朱经瀛棉袍被血渗透了，已没了气。

大庭广众之下，又是在县城的闹市区，敲竹杠杀人，这事当然惊动了整个桐乡县，但由于当时桐乡为日军占领，可谓告状无门，直到民国34年（1945）日军投降，才由商会出面，向县政府申诉，没多久，逃亡在外的徐子荣被捉拿归案，押回桐乡枪决。

当时，朱经瀛的大儿子朱乃钧才十五岁，正在莫干山中学高中部读书，得到消息，急急赶回，而小儿子朱乃荣还在母亲腹中。

第六节　金宝成银楼失窃案

金宝成银楼是民国后期桐乡城里四家银楼之一，坐落在鱼行街，老板姓金。经营各种金银首饰、珠宝，交易方式灵活多样，买新的可以，卖旧的也可以，银楼赚差额和加工费。金制品有耳环、戒指、项链、项圈等；银制品有手镯、脚镯、耳扒、钗等；珠宝有珍珠项链、嵌宝戒指等。

民国37年（1948）4月的一天上午，一位女顾客急匆匆走进金宝成银楼，在珠宝柜台里看了一会儿，显露出一脸的失落。金老板很会察言观色，急忙凑上去问："这位女士，你想买什么啊？"女顾客问："有没有零配的珍珠？我的珍珠项链断了，不小心丢失了几颗，想买了补进去。"老板连连答应："有，有，有，没放在柜台里，在楼上呢，你稍等哦！"边说边上楼去。

金宝成银楼的底层是店铺，楼上住宿兼库房。金老板拉开写字台的抽屉，发现放在里面的一两二钱散装珍珠不翼而飞，屋内其他生活用品却并无缺失，也看不出什么窃贼留下的痕迹。究竟是什么时候失窃的也不得而知，找遍了屋内的各个角落也不见踪影。这可急坏了金老板，先下楼婉言支走了女顾客。一边报警察局周巡官，一边盘算这个窃贼可能销赃的去处，要脱手兑现，无非是当铺和同行银楼。

碗大桐乡城，就这么几家。老板人熟地熟，一会儿就把城里的当铺和银楼跑遍了。最后总算在鱼行汇的石信诚银楼找到了线索。

据石信诚银楼王老板说，前日下午收过本城杨某拿来的珍珠八钱二分，给价125万元。边说边拿出收进来的珍珠，金老板一看，确认是金宝成失窃的原物。于是联系警局周巡官着手侦查，遂传询杨某。杨某声称此珍珠不是自己的，是受人所托。在周巡官严厉追问下，杨某道出了这些珍珠是北街一个小名叫"阿五"的人托售的，所得钱款已悉数交给阿五，自己只吃了他一包红金牌香烟。这个阿五原来是个游手好闲之徒，平日里常有偷鸡摸狗之事。家里仅母子二人，老母是摆水果摊的，这个水果摊就摆在金宝成银楼旁边，阿五也常到金宝成银楼转悠，与金老板很熟，这件案情的脉络越来越清晰了。周巡官马上带人赶到北街阿五的住处，屋里空无一人。再到阿五老母的水果摊，他母亲说不知道儿子去了哪里，周巡官拔出手枪，大声呵斥，吓得老太婆脸色刷白，颤抖着说："要么你们去秀川乡某村看看，阿五不久前搭识了个女朋友，不知道会不会在那里？"周巡官马不停蹄，直扑秀川乡某村。不出所料，阿五果然在女朋友家搓麻将。带到警局一审问，阿五供认不讳。原来大前天中午，阿五在金宝成银楼旁边转悠，看见金老板出门送客，与客人在门外唠嗑几句，遂溜进店里，上楼偷了抽屉里的珍珠，动作迅疾，未被店主察觉。怕变卖时被人生疑，就托杨某去石信诚银楼出货。八钱二分珍珠换了现钞，剩下的放在裤兜里，到乡下女朋友家这边献殷勤来了。案情大白，物归原主，阿五被警局拘禁三天。

后　记

　　桐乡自明朝宣德五年（1430）自崇德县析出置县后，梧桐镇（今称梧桐街道）一直是县治所在地。因置县较晚，相比周边县城而言，桐乡县城规模不大，因而有"碗大桐乡城"之说。

　　但是"麻雀虽小，五脏俱全"，民国时期及以前，梧桐镇水路便利，街衢纵横，酱作、油坊、典当、绸布、染织等商业门类齐全，商贸颇称繁华，而且有不少方面在桐乡县乃至周边地区具有相当高的知名度，如鱼行街的热闹、北港的水上贸易、一年一度的城隍庙会。特别是一些地方名优特产，如丁永大桐乡辣酱、朱德大雨伞、桐乡桑剪，周边还有桃园村的槜李、范家埭的烟片等等，在沪杭苏乃至海外也广为人知。

　　本书分九章，涉及老街布局、店铺商行分布、交通邮电、地方特产、庙会香汛、周边乡村集市、商业组织、商界轶事等各个方面，主要记述晚清特别是民国时期的商贸情况。与桐乡其他城镇一样，历史上梧桐镇的商贸因战乱等原因，起伏明显，近代，梧桐镇受太平天国和抗日战争的影响颇大，近百年内连遭两次劫难，可谓元气大伤，本书均有所涉及。当然，由于年代已较久远，可供查阅的史料又不多，肯定存在着不够详尽或者遗漏的地方，但我们相信，如要了解梧桐镇近代商贸情况，此书是具有一定的参考价值的。

读书贵在有所思有所得，读史更应如此。《梧桐古镇商贸旧事》是本届政协教科卫体与文化文史学习委员会主持编撰的古镇商贸系列丛书之一，记述的是旧时梧桐镇的商贸变迁史。记述梧桐镇商贸，离不开桐乡传统的一些名优特产，如辣酱、雨伞、桑剪、烟片等，但由于时代变迁，其中一部分现已销声匿迹，难觅踪影；一部分由于市场因素，日渐式微，难成气候。它们为何而衰落？几多是时代的原因？几多是人为的原因？有无重振的必要？有无重振的希望？阅读者如有所思索，有所启示，甚或有所奋进，则是我们所希冀看到的。

本书征集出版过程历时数年，陈志农、沈海清、朱掌声、沈冠生、丁伯良、曹高三、朱瑞民、徐顺堂、王朵金、黄其昌、徐春雷、陈永治、傅其震、石伟萍、姚阿生、范雪淼、陈源祥、王爱珠、叶瑜荪、方炳楚、吴宝清、赵明煜、陆秋杰诸位先生秉持"三亲"原则，不辞辛劳收集素材，深入了解历史原貌，积极撰写稿件，提供了全面客观的史料文章。沈建谷等热心人士提供了部分珍贵史料。但由于本书结构所限，未能一一标注原作者姓名，敬请谅解！并向所有承担写作任务的作者及讲述者表示由衷的感谢！

编撰过程中，我们始终本着对历史负责的精神，力求史料真实、准确、完整，以便为后人留下可资借鉴的珍贵资料，但是由于可供参考的文献资料不多，口述资料又因口述者了解不全、记忆不真或转传有误，难免会出现一些差错，敬请读者谅解指正。

编者
2021年9月

梧桐古镇商贸旧事

图书在版编目(CIP)数据

梧桐古镇商贸旧事 / 桐乡市梧桐街道办事处, 桐乡市政协文教卫体与文史资料委员会编. —— 北京 : 中国文史出版社, 2021.5

ISBN 978-7-5205-2998-3

Ⅰ. ①梧… Ⅱ. ①桐… ②桐… Ⅲ. ①乡镇—地方史—桐乡 Ⅳ. ①K295.55

中国版本图书馆CIP数据核字(2021)第092423号

责任编辑: 张蕊燕

出版发行: **中国文史出版社**

社　　址: 北京市海淀区西八里庄路69号　邮编: 100142

电　　话: 010-81136641　81136606

印　　装: 杭州万星印务有限公司

经　　销: 全国新华书店

开　　本: 710mm×1000mm　1/16

印　　张: 15.5

字　　数: 209千字

版　　次: 2021年10月北京第1版

印　　次: 2021年10月第1次印刷

定　　价: 48.00元